세상의 모든 솔로스타터에게

이 책을 바칩니다.

— 사랑과 존경을 담아, 이다지

모든 꽃이 봄에 피지는 않는다

모든 꽃이 봄에 피지는 않는다

이다지 이야기
"너의 빛나는 앞날을 응원하며"

이다지 지음

서三삼독

세상 모든 청춘들에게
아낌없는 격려를 보내며

우리 모두는
귀한 보석이 될 운명입니다

세상에는 반짝반짝 빛이 나는 말들이 있습니다. 나에게 긍정적인 에너지를 주고 다른 사람을 기분 좋게 만드는 "고마워.", "사랑해.", "원하는 결과를 얻어서 너무 기뻐.", "앞으로도 잘될 것 같아.", "행복해." 같은 말들입니다.

그런데 오랜 기간 강의를 하면서 학생들에게서 들어온 말은 반대의 내용이 더 많았습니다. "미래가 보이지 않으니 불안해요.", "저보다 늦게 공부를 시작한 친구가 등급이 더 잘 나와서 괴로워요.", "저는 쓸모없는 사람인 거 같아요.", "가족과 함께할 때마다 바닥으로 떨어지는 기분이에요."와 같은 어둡고 아픈 이야기입니다. 거기에는 미래에 대한 불안감, 타인과의 비교에서 오는 열등감, 끊임없이 피어오르는 부정적인 생각, 나를 갉아먹는 인간관계에 대한 고민들이 담겨 있습니다.

여러분의 삶은 지금 어떤 말들에 둘러싸여 있나요? 반짝이는 말들로 가득 차 있다면 네, 여러분은 이 책을 읽지 않아도 좋습니다. 이미 답을 찾으신 거니까요.

하지만 그렇지 않다면, 이 책이 어두운 밤길에 별빛 같은 안내자가 되어줄 거라 믿습니다. 아무리 노력해도 나만 제자리인 것 같고, 애써 결심을 해도 오래가지 않고, 어디로 가야 할지 몰라 헤매고 있다면 분명 저의 이야기는 도움이 될 겁니다. 여러분이 잘되기만을 바라는 그야말로 200퍼센트의 진심만을 담았기 때문입니다.

사실 여기에는 저에게 고민을 나눠준 많은 제자들에게, 그리고 어린 시절의 저 자신에게 해주고 싶은 말들이 담겨 있습니다. 지금에야 숱한 질문들에 대해 명확하게 대답하는 똑순이같이 보이지만, 저는 정말 평범 그 자체였거든요. 잘하는 거라곤 글쓰기 정도였고, 경제적으로 유복하지 않아 남의 눈치를 많이 보는 그런 아이였습니다.

저의 소망은 거창한 게 아니었어요. 가족이 함께 모여 사는 것, 일주일에 한 번은 먹고 싶은 것을 먹는 것, 일 년에 두 번, 생일과 어린이날에 받고 싶은 선물을 받는 것과 같은 소소한 것들이었죠. 누군가에게는 사소한 일일지 몰라도 저에겐 노력해서 쟁취해야만 하는 것들이었어요.

그럼에도 불구하고 늘 생각했습니다. 막연하지만 먼 훗날의 내 삶은 멋지게 반짝일 거라고요. 빛나는 미래는 이미 정해져 있으니 그럼 '어떻게' 반짝이게 만들 것인가에 대해 일찍부터 고민을 시작했습니다. 그럴 때 제가 항상 잊지 않은 게 있어요. 지금은 먼지가 좀 묻어 있을 수 있지만 나는 귀한 보석이라고, 그러니 지금 당장은 빛이 나지 않더라도 귀한 보석이 될 운명처럼 살아야 나중에 진짜 보석이 될 수 있다고요.

꿈꾸는 삶과 현실의 삶의 차이가 너무 컸지만, 그런 저를 위로해준 건 긍정적인 생각이었습니다. '내가 금수저가 아니라서 오히려 좋아.' 하는 생각이요.

척박한 땅에 포도나무를 심습니다. 거기에 물까지 주지 않습니다. 그럼 어떻게 될까요? 놀랍게도 최고급 와인의 재료가 되는 최상급 품질의 포도가 열립니다. 포도나무는 메마른 환경에서 살아남기 위해 지하수를 찾아 깊은 땅까지 뿌리를 내립니다. 이 과정에서 땅속의 깨끗한 물을 벌컥벌컥 흡수하고, 땅에 있는 유익한 미네랄과 미생물을 흡수합니다. 그렇게 해서 세상에서 가장 맛있는 포도가 열리는 거예요.

비옥한 땅에서 최고의 보살핌을 받으며 자란 포도도 당연히 맛있죠. 하지만 시련 끝에 맺은 열매를 이길 수는 없습니다. 그러니 조건과 환경에 발목 잡혀 쓰러질 것 같은 느낌이 들 때면 '오히려 이게 내 삶의 양분이 될 거야.'라고 생각의 에너지를 전환시켰습니다.

저는 시간으로만 따지면요. 정말 비효율적으로 살아왔어요. 2년여간 증권사를 다니다 퇴사해서 임용고시를 1년간 준비했고요. 그해 서울에서 역사 교사를 단 한 명도 뽑지 않아 기간제 교사로 중학교에서 일을 시작했습니다. 힘들게 사립 정교사로 임용된 후에는 다시 사직서를 내고 나와서 인터넷 강의를 시작했습니다.

저도 사람이다 보니 어떨 때는 차라리 다시 태어나는 게 좋겠다는 생각이 들 때도 있었고, 너무 늦은 건 아닌가 조바심이 들 때도 있었습니다. 그때마다 나를 붙잡아준 생각, 인생의 방향을 결정하던 순간에 했던 결심을 저와 같은 상황에 놓여 있는 여러분과 나누기 위해 책을 썼습니다.

거기 있는 여러분, 아직 늦지 않았어요. 좋지 못한 환경에 있다고 해서 포기하지 마세요. 여러 길을 빙빙 돌아 다시 첫걸음을 떼야 할지라도 좌절하지 마세요. 우리 삶은 단 한 번의 점으로 끝나지 않습니다. 길게 이어지는 시간의 선, 그 한가운데에 서 있을 뿐입니다. 그 선은 구불거리는 선일 수도 있고, 뱅글뱅글 원을 그리고 있을 수도 있습니다. 직선이 아니라고 해도 선을 따라가다 보면 여러분이 바라던 곳에 도착해 있을 거예요.

그러니 여러분, 실수하고 실패했던 과거의 나가 아닌 미래의 나를 바라보며 '나의 역사'를 새롭게 써보자고요. 우리 모두는 반짝반짝 빛나는 보석이 될 운명입니다.

차례

모든 꽃이 봄에 피지는 않는다
세상의 모든 슬로 스타터들에게

내가 좋아하는 일을 찾을 수 있다면
골든시드를 찾는 법

공부를 '나의 운명'으로 만드는 순간
후천적인 성공 DNA 만들기

4

답이 보이지 않을 때, 인생이 바닥이라 느껴질 때
부정적인 너에게 지지 않기를

5

"그냥 넘어가지 마세요"
세상에서 가장 어려운 것이 인간관계

내가 나를 지켜내는 법
셀프 오브젝트와 메타인지

지금 당장 꽃을 피우지 못했다고 해서
좌절하지 마세요.
친구와 비교하지도 마세요.
지금은 그저 나의 계절이 아닌 것뿐이에요.

1*

모든 꽃이
봄에 피지는 않는다

세상의 모든
슬로 스타터들에게

모든 꽃이 봄에 피지는 않는다

*

여러분은 '꽃' 하면 생각나는 계절이 있나요? 대부분은 봄을 떠올릴 거예요. 하지만 모든 꽃이 봄에 피지는 않습니다. 타들어가는 강한 여름 햇볕에도 해바라기는 밝게 웃고, 선선한 가을엔 하늘하늘한 코스모스가 피죠. 겨울에는 살얼음 같은 추위를 뚫고 동백꽃이 빨간 미소를 보여줍니다.

거북이처럼 느린 나라, 신라 이야기

우리 인생도 그래요. '이미 남들은 다 꽃을 피웠는데 내 인생은 왜 이러나.' 하는 생각에 초조할 수 있어요. 하지만 인생의 잠재력이 언제 발현될지는 아무도 모르는 겁니다. 우리 인생에도, 역사 속에도 '나의 계절'은 반드시 오거든요. 삼국시대 중 가장 발전이 더뎠던 나라, 그래서 다른 나라가 견제조차 하지 않았던 '듣보(듣도 보도 못한)'의 나라, 신라가 바로 그랬습니다.

고구려와 백제가 한반도의 금싸라기 땅인 한강 유역을 두고 피 터지게 전쟁을 할 때 신라는 그 싸움에 끼지도 못했어요. 그것도 그럴 것이 신라는 발전이 너무 느렸거든요. 고구려와 백제에서 왕이 권력을 중앙으로 집중시키고 영토를 확장해갈 때 신라에는 '왕'조차 없었어요. 그 대신 치아 수가 많은 사람이 돌아가면서 나라를 통치했죠. 워낙 뒤떨어지는 나라이니 다른 나라에서는 신라를 경쟁 상대로 보지도 않았습니다. 하지만 신라는 느리긴 했어도 차근차근 발전했어요. 그러고는 결국 삼국을 통일했습니다. 누구도 예상하지 못한 거북이 신라의 우승, 짜릿하지 않나요?

제가 신라 이야기를 꺼내면 이렇게 말하는 사람들이 있어요. 그건 특수한 경우가 아니냐고, 희귀한 일이니 역사에 남겨진 게 아니냐고 말이에요. 이해합니다. 오랫동안 여러분이 경험한 '좌절'이 '너 정말 그 말을 믿냐.'고 얘기할 테니까요. 이미 여러 번 넘어지고 또 넘어지면서 여러분은 지쳤을 거예요. 우리 삶은 늘 '비교'와 '경쟁'의 연속이었으니까요.

다시 태어나고 싶다면 그렇게 하세요

나보다 늦게 시험을 준비한 친구가 먼저 합격했다는 소식을 들었을 때, 어땠나요? 나만 뒤처지는 기분, 나만 제자리에서 허우적대는 기분이 들지 않았나요? 나를 갉아먹는 연애에 빠져 허우적거릴 때, 친구가 정말 괜찮은 사람과 결혼한다는 소식을 들으면 어떨까요? 진심으로 부러울 거예요. 이런 대형 이벤트는 우리의 가슴을 꽤나 아프게 합니다.

차라리 이런 비교와 경쟁은 한 번만 세게 아프면 되니 괜찮아요. 자잘한 비교가 매일매일 쌓이면 치명상이 됩니다. 수려한 외모를 가진 친구 옆에 있으면 이상하게 마음이 불편해져요. 이른바 금수저 친구와 함께 다니다 보면 바람 빠진 풍선처럼 자꾸만 쪼그라드는 자신을 발견합니다.

심지어 우리는 노력의 크기에 대해서도 열등감을 느낍니다. '저 친구는 열심히 하는데 나는 왜 저렇게 하지 못할까?', '내가 친구보다 나은 점이 있기는 한 걸까?' 하는 생각이 들 거예요.

분명 나보다 공부를 안 하는데 성적은 더 잘 나오는 친구를 보면 좌절하게 됩니다. 아무리 발버둥을 쳐도 타고난 유전자의 차이를 어떻게 극복하겠어요?

부정적인 생각은 탄성이 강한 스프링과 같아요. 누르면 누를수록 탱글탱글하게 튀어나와 머릿속을 장악합니다. 그렇게 부정적인 생각에 잠기다 보면 '아, 다시 태어나는 것 외에는 답이 없구나.' 하는 결론에 이르는 거죠. 저도 그랬거든요.

그런데요. 비교를 할 때 나보다 좋은 환경에서 자란 사람하고만 하는 것은 좀 치사하지 않나요? 공평하게 나보다 힘든 친구의 상황도 보고, 좋아 보이는 친구하고도 비교해봐야 자신의 '현재 위치'가 객관적으로 보이지 않을까요? 그게 다시 태어나는 것보다는 훨씬 쉬워 보이는데, 여러분 생각은 어떠신가요. 주변에 그런 대상이 없다고요? 여기 소개할 사람이 있습니다. 바로 저 이다지예요.

"나는 공부로 성공하기로 선택했어요"

*

제가 열 살 때였습니다. 하교 후에 신발주머니를 신나게 흔들며 집으로 돌아왔는데 집안 분위기가 뭔가 이상한 거예요. 분명 아침까지 내가 살던 집인데 점심이 지나자 딴 곳이 되어 있더라고요.

집안을 둘러보니 냉장고, TV, 컴퓨터 할 것 없이 곳곳에 노란색 포스트잇이 붙어 있었어요. 그땐 뭘 모를 때라 그 모습이 마치 예쁜 꽃잎이 핀 것처럼 보였어요. 나중에 알고 보니 세상에서 제일 무서운 노란 꽃이었지만 말이에요. 빚을 갚지 못하면 재산을 압류해가겠다는 경고 딱지였거든요. 집에 안 좋은 일이 생기면서 부모님이 거액의 빚을 떠안았던 거죠.

노란 꽃이 피었습니다

빚은 일주일에 한 번 있는 짜장면 외식만 빼앗아간 게 아니었어요. 우리집의 웃음까지 같이 가져가버렸습니다. 늦은 밤 부모님은 서로를 향해 아픈 말을 내뱉었고, 언니와 나는 방에서 숨을 죽여야 했어요. 그때마다 저는 이불 속에서 '제가 잘할 테니 부모님이 헤어지지 않게 해주세요.'라고 기도를 했습니다. 그때는 엄마, 아빠가 빚 때문에 싸우는지 모르고 그저 내가 공부를 안 해서 혹은 언니랑 싸워서 다투시는 거라 생각했거든요.

가난은 공기와 같아 모르는 새에 인생에 스며들어 저를 일찍 어른으로 만들었습니다. 부족한 공부를 채워주는 학원이나 과외, 준비물을 챙겨주시는 부모님, 온 가족이 함께 둘러앉아 먹는 저녁. 다른 친구들에게는 당연한 일상이 저에게는 당연하지 않은 일상이었습니다. 아주 힘든 일이었죠. 사랑하는 부모님은 노란 꽃 사건 이후로 더욱 고단한 삶을 살게 되셨거든요.

부모님은 타지에서 일을 하셨고 저는 할머니, 오빠, 언니와 반지하 작은 셋방에서 살아야 했습니다. 한 달에 딱 두 번 엄마, 아빠를 만날 수 있었어요. 그 두 번의 만남이 너무 소중해서 당시 저의 장래 희망은 이것이었습니다. 온 가족이 함께 모여 사는 것.

처음에는 온 가족이 모여 살 수 있는 방법에 대해 고민했어요. 방법은 단 하나, 빨리 어른이 되어 성공하는 것. 객관적으로 생각해봤죠. '내가 뭘 하면 성공할 수 있을까?', '성공한 사람은 어떤 사람이지?' 하는 질문을 끊임없이 던졌습니다. 어린 저에게 떠오른 성공한 사람은 천문학적인 돈을 번다는 운동선수나 전 국민이 사랑하는 가수나 연기자더라고요. 그런데 그렇게 되는 건 정말 현실성이 없는 일처럼 느껴졌어요. 저에겐 제일 중요한 재능이 없었거든요.

그때 저는 '선택'했습니다.

공부를 통해 성공하기로요.

'언제' 성공할지가 아니라 '어떻게' 성공할지를 그때 선택한 거예요. 탁월한 운동 신경이나 예술적 기질은 노력으로 되는 게 아니지만, 공부는 열심히 하는 만큼 결과가 나오는 거잖아요. '하는 만큼'이라는 게 저에겐 마법의 힘처럼 다가왔어요. 뭐라도 해볼 수 있는 게 어디예요. 그 노력이 모이고 모이면, 성실하게 하루하루를 채워 나가면, 원하는 미래를 만들 수 있을 거라 생각했어요. 공부를 통해 성공하기로 선택했으니 남은 건 실천하는 일뿐이었습니다.

스펠링 'monami'를 따라서 그린 날

당차게 공부를 통해 성공하기로 선택했지만 이 선택을 책임지는 과정에서는 만만한 게 하나도 없었어요. 다른 친구들은 학원에서 '기본기'를 다지고 오지만, 저는 학교 수업이 전부였거든요. 그 격차는 아주 빨리, 그리고 선명하게 드러났습니다.

중학교에서의 첫 영어 수업 시간. 영어 선생님이 말씀하셨어요.

"설마 알파벳 모르는 사람… 없지?"

저는 몰랐거든요. 그런데 다들 "네."라고 대답하는 분위기에서 저 혼자만 모른다고 대답하는 게 힘들더라고요.

그러자 이번에는 선생님이 "각자 노트 있지? 거기에다 모나미(monami) 스펠링 좀 써보자."라고 하는 거예요. 무언가 들킨 느낌이 들어 조바심이 나기 시작하는데 마침 제 손에 쥐어진 볼펜이 눈에 들어왔어요. 네, 맞아요. 모나미 볼펜이었어요. 볼펜의 한가운데에 새겨진 'monami' 철자를 보고 따라서 그려서 냈어요.

지금도 학생들에게 이야기를 해줄 만큼 당시의 감정이 생생합니다. 정말 답답했거든요. 비유하자면 다른 친구들이 계단을 올라가고 있을 때 저는 혼자 계단이 뭔지를 배우고 있었던 거예요.

선행학습을 하고 온 친구들을 기준으로 진도를 나가다 보니 저는 허겁지겁 따라가기도 벅찼습니다. 학교 수업이 전부였기에 수업 시간에는 정말 머리에 쥐가 날 정도로 집중했어요. 복습하는 시간이라도 줄여야겠더라고요.

그래서 세운 대책이 수업 시간에 80퍼센트 외우기 작전이었습니다. 교과서 옆에 연습장을 나란히 놓고 선생님이 말하는 수업 내용을 쓰면서 그 자리에서 외워 나갔습니다. 그렇게 하니 성적이 오르긴 오르더라고요. 드디어 제가 기대한 '한 만큼의 마법'이 발현되기 시작한 거죠. 다만 아주 느리게 올라갔어요. 노력은 극적인 드라마처럼 하는데 성적은 느리고 지루한 다큐멘터리처럼 올라가더라고요. 그때마다 스스로에게 한 말이 있습니다.

"나는 지구력이 좋다."

비록 출발은 늦었을지라도 지구력이 좋아 끝까지 뛰는 건 바로 나일 거라는, 일종의 다짐이었습니다.

야구 선수 중에 시즌 초반에는 성적이 부진하지만 경기를 거듭할수록 뒷심을 발휘하는 선수를 '슬로 스타터(slow starter)'라고 부릅니다. 그때 제가 바로 슬로 스타터라고 생각한 거죠. 지금은 친구들의 뒷모습을 보면서 뛰지만 친구들과 나 사이의 거리는 점점 좁아지고 있다. 뛰는 동안 등줄기에 흐르는 땀은 사라지는 게 아니라 나를 성장하게 한다. 그렇게 믿고 달렸던 거예요.

샤프가 짝 하고 손에 달라붙는 짜릿함

*

슬로 스타터, 저 이다지의 마라톤은 그렇게 계속됐습니다. 그런데 말이에요. 그렇게 애를 썼는데도 꿈쩍도 안 하고 제자리인 게 하나 있더라고요. 기본기가 중요한 과목. 예상되나요? 수학. 그 망할 놈의 수학. 제가 수학을 못했어요. 분명 공부는 노력을 배신하지 않는다고 했는데 수학은 늘 저를 배신했습니다.

노력이 배신을 할 수도 있나요

그래도 저는 끝까지 질척대면서 수학과 잘 지내보려고

노력했어요. 어떤 과목을 잘하고 싶으면 그 과목을 가르치는 선생님을 좋아하면 된다고 해서 억지로 수학 선생님을 좋아해보려고 한 적도 있습니다.

하루에 12시간을 공부하면 8시간은 수학만 팠어요. 그런데도 성적은 늘 최악이었어요. 아직도 기억나는 게 중학생 때 중간고사입니다. 시험 마지막 날 치르는 과목이 기술 가정과 수학 두 과목이었어요. 당연히 수학만 팠죠. 결과는 기술 가정 과목은 100점, 수학은 40점. 집에 가는 내내 울었어요.

'다른 과목보다 몇 배로 열심히 수학을 공부했는데.'

'수학 하나를 망치면 평균이 엄청나게 깎이는데.'

속이 쓰리고 또 쓰렸습니다.

'다음에 잘 보면 되지.' 하고 스스로를 위로해보려고도 해봤습니다. 그런데 초대도 하지 않은 뾰족한 마음이 얼굴을 들이밀었어요. '정말 그럴까? 항상 노력해도 안 됐잖아. 다음에는 뭐가 다르겠어?'라고 말하면서요.

고등학생 때도 마찬가지였어요. 제가 공부할 때는 수리

영역이 80점이 만점이었어요. 수능을 보기 전 제가 획득한 최고 점수는 60점대, 모의고사 3등급이었습니다. 하지만 수학 시간에 내내 잠만 자던 친구, 이미 선행학습으로 고등학교 과정을 모두 끝마치고 와서 학교 수업은 시시하다고 했던 친구는 모의고사를 보면 항상 1등급이었어요. 이런 일을 계속해서 겪다 보니 '수학은 정말 수학 머리가 없으면 안 되는 과목인가?' 하는 생각만 들더라고요.

그렇게 너무 스트레스를 받으니 정신적으로도 무너져내리더군요. 모의고사 전날에는 수학 시험을 치를 생각만 해도 심장이 울렁거렸어요. 감당할 수 없는 불안감이 몰려와서 나를 삼킬 것만 같은데, 그래도 공부를 하긴 해야 하니까 훌쩍훌쩍 울면서 문제를 풀었습니다.

그렇게 좌절이 반복되던 중 한 선배를 만났습니다. 대학에 진학한 선배들이 모교에 방문해서 후배들과 대화의 시간을 갖는 자리였어요. 이화여대에 입학한 선배한테 고민 상담을 했죠. 아무리 공부해도 수학 성적이 오르지 않는다고, 이쯤이면 '수포자(수학 포기자)'가 되어 다른 과목을 더 파야 하는 게 아니냐고 물었죠. 억울함을 토하는 제게 선배는 다음과 같이 조언을 해주었습니다.

"나도 그랬어. 그런데 포기하지 않으면 어느 순간에 샤프가 손에 짝 달라붙을 거야!"

샤프가 손에 달라붙는다고? 그때는 그게 무슨 소리인지 이해를 못했어요. 손에 샤프가 어떻게 달라붙는다는 건지 알 수 없었지만 어쨌건 포기하지 말라는 말만 마음에 새기고 다시 우직한 소처럼 공부를 해나갔어요.

그런데 그 '샤프가 짝 달라붙는' 경험을 수능 당일에 하게 됩니다. 정말로 샤프가 손에 붙더라고요. 손에 풀을 발랐냐고요? 아니요. 1번부터 마지막 번호까지 문제를 푸는데 막힘 없이 풀리니까, 진짜 샤프가 손에 붙어서 쫀득쫀득하게 써지는 느낌이 들더라고요.

수능 전까지 한 번도 3등급 이상을 받아본 적이 없던 제가 수능 시험에서 처음으로 1등급을 받게 됩니다. 딱 한 문제 틀렸거든요. 지금 생각하면 아찔해요. 만약 수능 전에 수학을 포기했더라면? '나의 한계'를 뛰어넘는 그 엄청

　　　　　　　모든 꽃이 봄에 피지는 않는다

난 기쁨을 맛보지 못했을 거예요.

그러니 여러분, 지금 당장 꽃을 피우지 못했다고 해서 좌절하지 마세요. 친구와 비교하지도 마세요. 지금은 그저 나의 계절이 아닌 것뿐이에요. 포기하지 않으면 언젠가 나의 계절이 옵니다. 신라가 역사 속에서 증명해주었고, 제 수학 점수가 그걸 증명해냈으니까요.

세상의 모든 슬로 스타터들에게

만약 저와 같은 슬로 스타터가 있다면 한 가지만 기억해주세요. 우리 모두는 각자의 역사를 써 내려가는 '역사적 주체(historian)'라는 것을요. 역사라고 하면 흔히 거창한 왕조나 세계적인 사건을 떠올리기 십상이지만 그렇지 않아요. 개인 한 명 한 명도 자신의 역사를 이루어나가는 존재들이에요.

영국의 역사학자인 에드워드 카는 《역사란 무엇인가》라

는 책을 통해 "역사는 현재와 과거의 끊임없는 대화이다." 라고 말했어요. 과거의 나와 현재의 내가 끝없이 대화하면서 나의 역사를 만들고 있는 거예요. 과거의 나를 통해 끊임없이 자신을 돌아봐야 현재의 나를 바로 세울 수 있습니다.

그러니 '이렇게까지 했는데도 안 되네. 난 애초에 안 될 놈이다.'라고 생각하지 마세요. 왜냐하면 역사는 하나의 개별적인 사건으로 찍힌 '점'이 아닌, 시간으로 이어진 '선'이거든요.

과거의 나는 실수했을 수도 있고 실패했을 수도 있지만, 아직 만나보지 않은 미래의 나는 다를 수 있습니다. 저는 이것을 '선의 감각'이라고 부릅니다.

- 선의 감각 : 내가 해낼지 말지 알기 위해서는 아직 만나봐야 하는 시간이 남아 있다.

전 선의 감각이 가장 중요하다고 생각해요.

실패 한 번으로 점 찍히고 끝나는 게 아니라,

'나의 역사'라는 시간의 선 한복판에 서 있다는 것을 아는 것.

이러한 선의 감각을 잊지 않고 달려간다면, 여러분도 자신의 한계를 뛰어넘는 짜릿함을 반드시 경험하게 될 겁니다.

내가 공부하는 진짜 이유

*

아직 늦지 않았다고 위로하는 말에 취해 '그래, 이제부터 변하면 돼.' 하는 마음을 갖는 건 좋아요. 그런데 왜 변하려고 하는지 그 이유에 대해 제대로 고민하지 않으면 아무 소용이 없습니다. 정말 변할 수 있는 단단한 '힘'은 바로 거기에서 나오거든요.

잘 다니던 직장을 갑자기 그만두고 공부에 뛰어든다고 가정해봅시다. 공부 한번 해보려고 유튜브에서 '쓴소리', '동기부여' 영상을 아무리 많이 찾아봐도 효과는 정말 영상을 보던 그때뿐이었죠? 나를 모르는 누군가의 혹독한 쓴소리에, 혹은 따뜻한 응원의 말에 불끈 솟았던 공부 의욕은 아주 쉽게 꺼져요. 푸시시 하는 소리를 내면서요. 그러고 나면 언제 그랬냐는 듯이 스마트폰에 빠져 정보의 바다를 헤엄치고 있을 거예요.

이제 진짜 치열하게 답을 내보자고요. 내가 왜 변하려고 하는 건지 스스로 이 질문에 대해 치열하게 답을 내야 할 때예요.

남을 위해 노력하고 있다는 엄청난 착각

"선생님, 수능을 잘 못 봤어요. 선생님께 너무 죄송해요."

일 년에 한 번, 수능이 끝난 후에 제가 꼭 듣는 얘기입니다. 한 명도, 두 명도 아닌 전국의 수많은 학생이 SNS로, 이메일로 같은 메시지를 보내옵니다. 메시지엔 속상한 마음이 뚝뚝 묻어나와요. 선생님이 1년 동안 열심히 가르쳐 주셨는데 자신이 좋은 결과를 가져오지 못해서 창피하다고요. 자랑스러운 제자가 되고 싶었는데 그러지 못해서 속상하다고요.

그런데 왜 저에게 미안해할까요? 성적을 잘 받았건, 못 받았건 열심히 함께 공부해준 소중한 제자라는 '고유의 가치'가 달라지는 게 아닌데 말이죠. 왜 결과에 따라 본인에게 자격을 매겼다 빼앗다가 하는 건가요.

하지만 실은 이해합니다. 저도 분명 '자랑스러운 딸'이 되기 위해 달리던 때가 있었으니까요. 공부하게 만드는 원동력이 엄마, 아빠의 행복한 미소였거든요. 좋은 성적을 받아오거나 상장을 타오면 부모님이 기뻐하시는 모습을 보는 게 너무 좋았어요. 글쓰기를 잘해서 상장을 타오면 엄마는 항상 상장을 코팅해서 벽에 걸어놓으셨죠. 벽에 상장이 하나씩 더해질 때마다 제가 더 근사한 사람이 된 거 같아 가슴이 두근거렸어요.

그래서 우리는 너무 쉽게, 그리고 자주 착각하는 거예요. 우리가 열심히 공부하는 이유는 누군가의 기대에 부응하기 위해서, 혹은 다른 사람에게 내가 얼마나 대단한 사람인지 증명하기 위해서 공부하는 거라고요. 하지만 그런 이유로 공부하다 보면 거짓말처럼 '공부하고 싶은 마음'이 뚝 하고 떨어지는 순간을 맞게 됩니다.

그러고 나면 부모님의 "공부 안 하니?" 하는 소리는 잔소리로 들리고, '우리 부모님은 나에게 과도한 기대를 해서 나를 괴롭게 해.' 하는 생각이 들어 우울할 거예요. 자신의 삶을 변화시키겠다는 다짐을 했다면, 그 이유를 절대 밖에서 찾아서는 안 됩니다. 변화는 내 삶을 위한 것이지, 남을 충족시키기 위한 게 아니니까요.

"그런 마음이면 공부하지 마"

저도 이런 착각에서 빠져나오게 된 계기가 있어요. 만화책에 빠져 살던 학창 시절에 사촌 언니 집에서 본 책이 너무 갖고 싶은 거예요. 그래서 집에 오자마자 엄마에게 당당하게 거래를 제안했어요. "엄마, 이번 시험에서 수학 100점 받으면 나 만화책 전 권 사줘."라고요. 엄마가 좋아할 줄 알았는데 아니었어요. 그때 뭐라고 했는지 아세요. 아주 단호하게 "안 돼."라고 하셨어요.

순간 억울함이 복받쳐오더라고요. '친구들은 시험을 잘

보면 부모님이 다마고치(사이버 애완동물을 키우는 게임기인데 제가 초등학교 고학년 때 유행했어요)도 사주고, 더 잘사는 친구들은 개인 컴퓨터도 사준다는데 왜 우리 엄마는 겨우 만화책도 안 사주신다는 거지?' 하는 마음이었죠.

그래서 막 따졌어요. 100점 받으려면 엄청난 노력을 하는 건데, 그 대단한 걸 엄마를 기쁘게 하려고 해보겠다는데, 엄마는 왜 날 이렇게 속상하게 하는 거냐고요. 엄마는 단호했어요.

"다지야, 네가 공부를 잘해서 혜택을 보는 건 엄마가 아니라 너 자신이야. 그런데 왜 엄마가 만화책을 사줘야 해? 그런 마음이면 공부하지 마."

그 말씀에도 저는 계속 반항심이 들더라고요.

'다른 집은 딸이 이렇게 나오면 얼씨구나 하고 안아주는데 우리집은 아니네? 그래, 안 해보지 뭐.'

이런 생각이 들어 진짜 공부를 손에서 놓아봤어요. 그런데 시간이 점점 지나자 제 안에 어떤 감정이 스멀스멀 올라오더라고요. '불안'이었어요. 외면하기가 어려울 정도로 감정의 크기가 커졌을 때 불안의 얼굴을 힐끗 들여다봤습니다. 그러자 호되게 말하더라고요. '정신 차려. 지금 뭐 하는 거야. 널 평생 책임져야 할 사람은 너 자신이야!'라고요.

엄마 말이 다 맞았어요. 외면하고 싶었고 남 탓하고 싶었지만 결국에 공부를 잘해서 좋은 건 나였어요. 공부를 통해 원하는 대학에 가는 것도 나이고, 원하는 일을 하는 것도 나이고, 그로 인해 꿈꾸던 삶을 사는 것도 나잖아요. 부모님이 대신 대학 가고, 취직하고, 결혼하는 게 아니죠. 부모님은 단지 우리가 좋은 결과를 가져오면 '흐뭇'한 감정, 딱 하나 가져가시는 거더라고요. 내가, 그리고 여러분이 공부하는 진짜 이유는 바로 우리 스스로에게 있었던 거예요.

여러분은 지금 어떤 마음으로 공부하고 있나요? 혹시 아직도 다른 누군가를 위해 공부한다는 착각에 빠져 있는 건 아니겠죠? 자신이 공부하는 진짜 이유를 이번 기회를 이용해 꼭 한 번 정리하고 되새겼으면 좋겠어요.

모든 꽃이 봄에 피지는 않는다

남이 아닌,
온전히 '나'를 위하는 마음으로

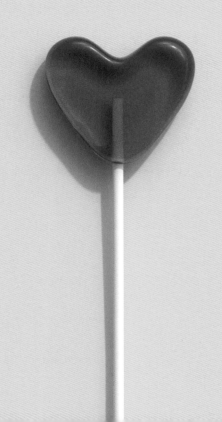

*

앞에서 남이 아닌 자신을 위해 공부하는 것임을 잊지 말자고 얘기했습니다. 그럼 여기에서 잠시 생각해볼까요. 왜 우리는 자신이 아닌 타인을 위해 노력하고 있다고 착각하게 되는 걸까요?

무엇이 여러분을 변하게 하나요

목표를 잘못 세웠기 때문입니다. 나의 성장을 위한 '성장 목표'를 세운 것이 아니라, 다른 사람에게 내가 얼마나 대단한 사람인지 증명하기 위한 '증명 목표'를 세웠기 때문입니다.

이제 목표 설정을 다시 해야 해요. 우리가 변화하고 노력하려는 이유는 자신을 사랑하기 때문입니다. 변화는 세상에서 가장 소중한 나 자신에게 스스로가 할 수 있는 가장 좋은 선물입니다.

'마음'을 움직이세요. 마음을 움직이는 건 너무나 중요한 일입니다. 내 안에 있는 성장 목표가 결국 나를 변하게 만드는 본질적인 힘이거든요.

고대 중국에서는 한 개의 나라가 200여 개 이상 쪼개질 정도로 혼란했던 시대가 있었습니다. 이른바 '춘추 전국 시대'. 이 시대에는 여러 학자가 혼란한 시대를 끝낼 방법을 연구했습니다. 이 학자들을 '제자백가'라고 합니다. 그들 중에서 큰 세력을 형성했던 게 바로 '유가'와 '법가'였어요.

법가는 혼란을 끝내기 위해서는 강력한 법적 처벌이 필요하다고 말했죠. 예를 들어 국어 성적 50점을 넘기지 못하면 매일 남아서 청소를 해야 한다는 거예요. 이 사상이 바로 잘못했을 땐 필히 벌을 줘야 한다는 '필벌(必罰)' 사상입니다. 반면에 100점을 받으면 한 달 동안 청소를 면제해주자는 사상도 있었어요. 이건 잘했으면 확실하게 상을 줘야 한다는 '신상(信賞)' 사상입니다.

법가에서는 사람을 움직이는 힘이 그 사람 안에 있는 것이 아니라 밖에 있다고 생각한 거죠. 그런데 유가에서는 법가처럼 하면 안 된다고 말해요. 자발성이 없으면 그 행동은 유지될 수 없다는 거죠. 예를 들어 만약 50점을 넘지못한 학생이 매일 남아서 청소를 하다가도 감시하는 사람이 없으면 쉽게 도망갈 거라는 겁니다. 자발성이 없으면, 내면에서 나온 동기가 아니면, 강제적인 처벌이나 외부적인보상은 쉬이 그 힘을 잃는다는 얘기예요.

어려운 말로 '내재적 동기'와 '외재적 동기'라고 하는데요. 우리는 나를 위해 변하겠다는 내재적 동기를 가져야 합니다. 물론 외부에서 오는 달콤한 보상들도 열심히 노력하게 만드는 힘이 됩니다. 그런데 그건 '보너스'일 뿐이에요. 외부의 무엇을 위해서가 아닌, 스스로를 위해 변하려는 사람들은 어떤 상황에서도 반짝이는 힘을 잃지 않습니다.

단 한 번뿐인 나의 인생을 위해

다른 누구도 아닌 자신을 위한 노력임을 깨닫게 되면 삶에 임하는 마음가짐이 달라집니다. 제가 25살 때였어요. 잘 다니던 증권사에 사표를 내고 임용고시 공부를 하고 있었습니다. 25살, 인생에서 가장 좋을 나이에 매일 추리닝을 입고 하루에 10시간 이상 공부하는 일은 쉽지 않았습니다.

그렇지만 내 인생이잖아요. 단 한 번뿐인 내 인생에서 내가 하고 싶은 '가르치는 일'을 하기 위해 공부하는 거잖아요. 그러니 누구에게 등 떠밀리듯이 억지로 하는 것이 아니라, 1년이든 2년이든 나를 갈아넣어서라도 최선을 다해야겠다고 마음먹었죠. 그러면 희한하게 공부하는 게 재미있어졌어요. 물론 가끔 시험에서 떨어지면 어떡하나 하는 불안감이 들 때도 있었어요. 때로는 임용고시에 언제 합격할지 모르는 상황이니 너무 막막하기도 했고요.

그럴 때마다 생각했습니다. '지금 나는 이미 시험에 합

격한 상황이다. 지금 하는 공부는 수업 준비를 하는 거다.'
라고요. 그러니까 너무 신이 나더라고요. 도서관에서 공부
하는 시간이 초라하게 느껴지는 게 아니라 내 삶을 멋지게
만들어줄 아주 근사한 시간으로 느껴지는 거죠.

　하루에 정해진 공부 할당량을 채우기 위해 쥐어짜듯이
앉아 있는 사람도 있을 거예요. 그런데 나를 위해 공부하
는 거란 걸 깨닫게 되면 공부 시간이 지루한 게 아니라 기
다리고 기다렸던 마블 영화를 보는 것처럼 빠르게 지나갑
니다. 교육심리학을 공부할 땐 학생들의 마음에 대해 공
부할 수 있어서 좋았고, 교육사회학을 공부할 땐 교실에서
일어날 수 있는 문제 상황을 떠올려보며 해결 방법을 고민
할 수 있어서 좋았어요. 유명한 학자들이 한평생을 연구한
결과물을 단 한 권의 책으로 단시간에 배울 수 있다는 게
감사했습니다.

　도서관에서 밤 10시까지 공부하고 집으로 돌아가는 길
은 항상 어두웠어요. 그런데 늘 그 까만 밤을 밝혀주는 가
로등을 보면 말로 설명할 수 없는 '뿌듯함'이 몰려왔죠. 온

종일 공부를 해서 머리에 쥐가 날 것 같고, 가방이 무거워서 어깨가 묵직한데도 기쁜 거예요. 내가 이렇게 피곤하다는 건 오늘 하루도 열심히 공부했다는 뜻이니까요. 그건 내가 그만큼 나 자신을 소중하게 대했다는 일종의 훈장이었어요.

이렇게 마음이 움직이는 건 정말 중요한 일입니다. 내 안에 있는 나를 위한 마음, 내재적 동기가 진짜 변화를 가져오는 힘임을 다시 한번 강조하고 마무리할게요.

좋아하는 일을 찾는 것은
자전거를 배우는 것과 같아요.
몸으로 찾아내세요.
넘어져도 절대 죽지 않으니
기꺼이 시행착오를 허락하세요.

2 *

내가
좋아하는 일을
찾을 수 있다면

골든시드를
찾는 법

좋아하는 일을
그저 우연히 발견할 수는 없어요

*

"언제 자신의 골든시드(Golden seed)를 발견하셨나요?"

2016년 직지코리아 국제페스티벌에서 강연을 한 적이 있는데 그때 진행자에게서 받은 질문이에요. 골든시드를 직역하면 황금씨앗입니다. 어떤 사람이 여러 곳에 똑같이 1억 원을 투자했는데, 부동산에서만 50억 원을 번 거예요. 그럼 투자에 있어서의 황금씨앗은 부동산이었던 거죠. 이걸 우리 인생에 적용하면 어떨까요? 골든시드는 내 안에 잠재한 진짜 재능과 가능성을 뜻합니다.

그때 함께 강연했던 공연예술가 이은결 씨나 식물 세밀화가인 신혜우 씨는 "아주 어릴 때부터 자연스럽게 재능을 발견했다."고 말씀하시더라고요. 제 차례가 오기까지 열심히 답을 생각해봤는데 정말 아득했어요. 사실 우리가 학창 시절에 자신이 진짜 원하는 일이 뭔지 탐색할 기회가 없었잖아요. 중간고사, 기말고사 준비하느라 너무 바빴으니까요.

"사실 앞에 두 분이 어릴 때부터 본인의 재능을 아셨다고 했는데, 저는 성인이 되어서도 우왕좌왕했어요. 왜냐하면 직접 경험해보지 않고서는 내가 그 분야에 재능이 있는지 없는지 모르겠더라고요. 교생 실습을 해보고 나서야 알았습니다. 가르치는 일에 관심이 있고 재능도 있다는 것을요."

남들이 보면 제일 비효율적인 인생

우리 모두가 아주 어릴 때부터 천부적인 재능을 발견해서 일직선으로 올곧게 그 길만 걷다가 성공할 수 있다면 얼마나 좋겠어요. 예를 들어 초등학생 때 이미 대학생이나 이해할 수 있는 수학 문제를 풀고, 과학고를 조기 졸업하여 유학을 다녀온 후, 세계적인 수학자가 되었다! 흰 도화지에 이런 사람의 '역사의 선'을 그려보면 출발지부터 목적지까지 일직선으로 쭉 그리면 되겠죠. 아주 곧고 진한 선 하나만 필요할 거예요.

이런 사례는 우리를 좌절하게 만듭니다. 떡잎부터 달랐을, 나와는 다른 '누군가'의 이야기니까요. 하지만 대부분 평범한 사람들의 '역사의 선'은 꼬불꼬불하고, 중간에 끊어져 있기도 하며, 심지어는 진행이 안 되는 경우도 많습니다. 저도 그랬거든요.

"그러면 시간이 너무 아깝지 않아?"

2년 동안 다닌 증권사를 임용고시를 준비하기 위해 퇴사하려 한다는 소식을 들은 친구가 한 말입니다. 취직하기 어려운 때에 좋은 회사에 취직해서 2년이나 다녔는데 퇴사를 한다니 무모하게 보였을 거예요. 인생에 내비게이션이 있다면 누군가에게는 "경로를 이탈하셨습니다."라는 소리가 들리는 순간이었겠죠.

하지만 이것저것 우왕좌왕하면서 경험을 해보니 진짜 내 길이 보이더라고요. 꼬불꼬불 경로를 그리면서 부딪히고 또 부딪히니 내 안의 소리가 명확하게 들렸습니다.

'나는 역사를 가르치면서 살고 싶다.'

진로는 자전거 타기처럼 몸으로 배워야 해요

운전할 때 가장 빠르고 안전한 길로 안내해주는 내비게이션처럼 인생에도 성공으로 가는 길을 안내하는 내비게이션이 있다면 얼마나 좋을까요. 그렇다면 무수한 선택을 하면서도 이 선택이 맞는 선택인지 아닌지 수도 없이 고민하고 불안해하는 시간이 없어질 텐데 말이에요.

"경로를 이탈하셨습니다."

여러분은 경로 이탈이라고 하면 어떤 생각과 감정이 먼저 드나요? '무섭다. 생각하는 것만으로도 싫다. 두렵고 불안하다. 다시 시작해야 하니 귀찮다.' 이런 생각이 드나요? 아니면 '이탈한 김에 내가 선택하지 않은 길로 가보

자. 흥미진진하다. 바뀔 미래가 궁금하다.'라는 생각이 드나요?

인생에서 중대한 '선택의 기로'에 들어섰을 때 제일 중요한 건 그 선택 너머에서 무엇을 보았느냐입니다. 실패로 인해 괴로워하는 얼굴이 먼저 떠올랐는지, 새로운 삶이 시작되는 희망을 보았는지에 따라 많은 것이 달라집니다. 그 이미지는 우리의 감정을 바꿀 거고요, 감정이 달라지면 생각과 행동의 방향까지 달라질 거예요.

희망과 용기의 단서를 떠올렸다면 분명히 경로를 이탈했음에도 심장이 두근거리면서 왠지 모를 반가움이 들 겁니다. 왜일까요? 더는 물러설 곳이 없잖아요. 이참에 진짜로 원하는 도전을 해보자며 용기를 낼 만한 여건이 주어진 거잖아요. 그러니 저는 부디 여러분이 원했든 원하지 않았든 이미 경로를 이탈했다면 희망과 용기의 단서를 떠올렸으면 해요.

많은 이들이 처음부터 플랜A를 선택할 것 같지만 놀랍게도 그렇지 않은 경우가 더 많습니다. 가족의 기대에 부응하기 위해, 혹은 현실적인 선택이 아닌 거 같아서, 아니면 플랜B나 플랜C가 나쁘지 않아서 우선 이것부터 집어드는 경우가 적지 않아요. 저도 그랬잖아요. 증권사에 잘 다니다가 정말 원하는 일을 하며 살기 위해 용기를 내어 완전히 진로를 바꾼 케이스니까요.

절차지식과 선언지식

시행착오, 실패, 경로 이탈. 이런 경험을 소중히 하세요. 이러한 경험이 중요한 지식이자 지혜가 되어 미래에 맞닥뜨릴 무수한 선택의 갈림길에서 우리를 이끌어줄 거든요. 이것을 '절차지식(Procedural knowledge)'이라고 부릅니다.

자전거 타기를 떠올려볼까요. 처음 두발자전거를 탈 때 정말 무섭잖아요. 몇 번이고 넘어지기도 할 거고요. 그러다 어느 순간 몸으로 익히게 되죠. 핸들을 어떻게 조정해야 하는지, 페달을 얼마나 밟으면 앞으로 나아가는지 등을요. 이게 바로 절차지식이에요.

절차지식은 '선언지식(Declarative knowledge)'과는 다릅

니다. 선언지식은 '자전거는 두 개의 페달로 되어 있는 이동 수단'이라는 개념으로 이해하는 지식이에요. 복습해볼까요. '라면은 국수를 튀겨 말린 것에 분말스프를 첨부한 즉석식품이다.'는 선언지식, '라면을 먹기 위해서는 물을 끓이고, 면을 넣고, 분말스프를 넣는다.'는 절차지식인 거죠.

선언지식이 '무엇(What)'에 관한 거라면 절차지식은 '어떻게(How)'와 관련한 지식이에요. 우리가 살아가는 데에 필요한 실용적인 지식이 절차지식인 거죠. 자전거의 정의야 검색 한 번이면 알 수 있지만, 자전거를 빨리 타는 방법이나 라면을 맛있게 끓이는 방법은 노하우로 분류되는 아주 선명한 지식입니다. 아니 그런데 이게 좋아하는 일을 발견하는 것과 어떤 연관이 있냐고요?

"네가 어떻게 성공할지 지금 결정해."라고 했을 때 열에 일고여덟 명은 이렇게 답합니다.

"나는 선생님처럼 공부를 잘하는 것도 아니고, 운동 신경이나 끼도 없어요. 좋아하는 일을 하면서 산다는 건 판타지 아닌가요?"

이런 반문이 스토커처럼 따라붙습니다. 아니에요, 여러분.

좋아하는 일을 하며 사는 것이 판타지가 아니라

좋아하는 일을 '무노동'으로 발견하는 게 판타지예요.

좋아하는 일은 철저하게 '절차지식의 대상'으로 삼아야 합니다. 책상 앞에 가만히 앉아서 대충 떠오르는 직업을 검색한다고 해서, 그렇게 해서 나온 내용을 확인한다고 해서 찾아지는 것이 결코 아니에요. 무노동이 아닌 조금은 과한 노동으로 찾아야 합니다. 검색해서 나오는 직업의 정의가 중요한 게 아니잖아요. 직접 경험하고 깨지면서 몸으로 익혀야 해요.

처음에 자전거를 배울 때 중심을 잃고 넘어지면 크게 다칠 것 같지만 살짝 무릎이나 손바닥만 까지는 정도가 대부분이잖아요. 좋아하는 일을 찾는 것도 마찬가지예요. 넘어져도 절대 죽지 않으니 기꺼이 시행착오를 허락하세요. 꿈의 한복판에 자신을 둘 때에야 비로소 희미하지만 자신만의 방향 '선'이 보이기 시작할 거예요. 자전거를 몸으로 익히듯 그렇게 자신이 좋아하는 일을 찾아간다면, 어느새 여러분의 뒤에는 땀과 노력으로 이어진 선이 보이기 시작할 거예요. 바로 꿈의 선이요.

검색하지 말고 '사색'하세요

*

"선생님 사학과 가면 망하나요? 사학과 가고 싶은데 주변에서 취직 못한다고 말려요."

제가 많이 받는 질문 중 하나예요. 사실 순수학문을 공부하면 현실적으로 취직하기가 어려운 부분이 있죠. 그리고 아직 내가 가보지 않은 길에 대해 걱정하는 건 당연한 일입니다.

그런데 자기 자신에 대해서는 내가 제일 잘 알잖아요. 최고의 '나 전문가'와 항상 함께하고 있음에도 불구하고 나에 대한 판단을 다른 사람의 의견이나 검색에 맡겨버리는 거죠.

그것도 이해합니다. 지금 세대는 검색을 통해 가장 안전하고 잘 알려진 길을 찾는 세대거든요. 태어날 때부터 환경이 여기에 적응하도록 세팅이 되어 있었어요. 여러분 탓이 아니에요. 그런데요. 검색하기 위해 포털사이트나 인스타의 페이지를 띄우잖아요. 그럼 그곳에 뭐가 있나요. 구글은 첫 페이지에만 여백이 있고, 막상 검색을 하고 들어가면 '타인이 짜놓은 바다'에 풍덩 빠져야 해요. 다른 플랫폼은 말할 필요도 없어요. 이런 곳에서 나의 길을 발견하기가 쉬울까요? 한계점이 많습니다. 그럼 우리는 어떻게 자신의 길을 찾아야 할까요?

검색하지 말고 '사색'하세요.

검색과 사색, 이 둘은 정반대입니다. 검색은 그냥 하면 됩니다. 하지만 사색은 그냥 할 수 없습니다. 예를 들어볼까요. "오늘 친구와 무엇을 하고 놀지?"라는 질문에 대해 생각해봅시다. 검색을 한다면, 인스타에 핫플레이스를 찾아서 선택한 후 그냥 가면 됩니다. 그런데 이 질문에 대해 사색을 하려면, '나는 뭘 하면서 놀 때 즐겁지?'부터 생각

내가 좋아하는 일을 찾을 수 있다면

해야 합니다. 검색에 비해 불편한 게 한두 가지가 아니에요. 하지만 그럼에도 자신의 진짜 골든시드를 발견하려면 반드시 사색을 해야 합니다.

정적인 사색 : 나에 대한 기록

좋아하는 일을 찾기 위해 제가 실행한 사색의 방법은 '기록'입니다. 길고 장황하게 쓸 필요는 없습니다. 그저 네다섯 줄 정도로 '나에 대한 탐색'을 남기는 거죠. 저의 기록을 한번 볼게요.

- 주변에서 (앨리스)를 보면 부러운 생각이 든다. 반면 (알렉스 선배)처럼은 되고 싶지는 않다.

가명으로 빈칸에 이름을 적어봤어요. 저는 어릴 때부터 돈을 많이 벌고 싶었지만 그렇다고 알렉스 선배처럼 되고 싶지는 않았어요. 알렉스 선배는 돈은 엄청 많지만 닮고 싶지는 않은 사람이었거든요. 만나면 항상 돈 자랑을 해서 아무도 곁에 가려고 하지 않았어요. 심지어 사람들이 자기를 싫어하는 이유는 질투 때문이라고 말하는 걸 보고 '알렉스 선배처럼 되지 말자.'라고 다짐하는 저를 발견했습니다. 반면에 앨리스 선배는 달랐어요. 자신의 분야에서 엄청난 성취를 거뒀음에도 불구하고 항상 주변 사람들의 도움 덕이라고 이야기를 했어요.

저는 저에 대한 중요한 사실을 사색을 통해 알았어요. 나는 단순히 돈을 많이 벌고 싶은 게 아니라 '좋은 성공'을 하고 싶은 거라는 사실을요. 이처럼 '나에 대한 발견'이면 어떤 주제라도 좋습니다. 기록해보세요.

그동안 제가 쓴 기록을 모아보니 크게 네 가지 주제로 나뉘더라고요.

(1) 나에 대한 전반적인 파악
- 평소 (분야)에 관심이 있었는데 한 번도 해본 적은 없다. 더 나이 들어서라도 해보고 싶다.
- 친구에게 "넌 참 (성격/특성)한 사람인 것 같다."

는 이야기를 들었다. 생각지도 못했는데 사실 나는
(성격/특성)인 것 같다.

- 다시 태어난다면 내가 해보고 싶은 직업은 (비현실
적인 꿈) 등이 있다.

'나에 대한 전반적인 파악' 부분은 내가 가진 가치관, 성격, 재능에 대한 사색을 적는 거예요. 이러한 기록들이 쌓이고 쌓이면 전에는 보이지 않던, 그동안 미처 깨닫지 못한 장점이 윤곽을 드러냅니다. 정말 어려운 상황이 닥쳤을 때 자신의 장점을 분명하게 아는 것은 일종의 노의 역할을 합니다. 배의 방향을 잡아주고 앞으로 나아가게 만드는 거죠.

(2) 사고방식에 대한 분석

- 나는 (상황)에서 스트레스를 받았다. 내가 스트레스를 받은 것은 (이유) 때문이다.
- 나는 (일정)이 다가올수록 걱정이 되지만, 이 일을 끝내고 나면 긍정적인 변화가 있을 거라고 믿으려 한다.

자신이 어떤 부분에 취약한지를 파악해놓는 것도 중요합니다.

(3) 경험에 대한 분석
- 나는 (활동)을 할 때 자신감이 있는 것 같다. 반대로 (활동)를 할 때는 기운이 빠진다.

모든 경험은 배움을 남깁니다. 경험에서 무엇을 배웠는지, 그 경험이 자신을 어떻게 바꾸었는지를 기록하는 거예요.

(4) 인간관계에 대한 분석
- 나는 (친구, 가족, 연인이나 배우자)와 함께 있을 때 (감정)을 느낀다.

주변 사람들과의 관계에 대한 고민도 중요합니다. 서로 신뢰할 수 있는 관계인지, 사이가 멀어졌다면 왜 그렇게 되었는지에 대한 사색은 서로를 성장시켜줄 수 있는 만남으로 이끌어줍니다.

이렇게 나에 대한 기록이 쌓여갈수록 흐릿했던 무언가가 선명해지는 기분을 느낄 수 있습니다. 물렁물렁한 취향이 단단해지기도 하고, 굳건했던 생각이 단번에 깨지기도 하죠. 2분 남짓한 시간을 들여 오늘 하루 동안 발견한 자신에 대해 기록해보세요. 단, 이때 아무도 보지 않는다는 전제를 분명히 하고 정말 솔직하게 쓰길 바랍니다.

동적인 사색 :
'우왕좌왕 비용'을 적극적으로 허락하세요

사색이라고 하면 괜히 철학책 한 권 들고 고뇌하는 모습이 떠오를 테지만, 사실 사색의 정의는 '이치를 따지는 행위'입니다. 손으로 기록하는 것이 정적인 사색 활동이라면, 몸으로 부딪치며 체험하는 것은 동적인 사색 활동이에요. 몸으로 부딪치고 발품을 팔아가며 '나의 이치'에 맞는지를 끊임없이 확인해야 최선의 선택을 할 수 있거든요.

저는 사실 '가르치는 일'은 저와는 절대 맞지 않는다고 생각했어요. 어릴 때부터 '선생님'은 도덕적으로 완전무결한 사람이어야 한다고 생각했거든요. 거기에 더해서 발표 공포증도 있었습니다. 발표만 하면 심장이 떨리는데 선생님이 되면 매번 학생이라는 '관객' 앞에서 강의를 해야 하잖아요? 생각만 해도 아찔한 느낌이었죠.

사학과에 진학해서 교직 이수를 통해 교사 자격증을 취득하긴 했지만 목표는 학교 교사가 아니라 기업 교육이었습니다. 그게 아니면 방송 PD가 되고 싶었어요. 먼저 경험할 수 있는 기회가 온 건 방송 쪽이었습니다. 대학교 2학년 때 계절학기 수업으로 방송국 드라마 제작 현장에서 일해볼 수 있었거든요. 이때 확실히 알았습니다. 저와 방송 일은 맞지 않는다는 걸요.

교직 이수를 하면 교생 실습을 나가야 합니다. 대학교 3학년, 교생 실습을 가야 하는 때가 되자 정말 우울했어요. TV뉴스에서는 담배 피우고 사람도 때리는 '요즘 청소년 실태'가 주야장천 나왔거든요. 그러니 교생 실습은 '빨리 맞고 끝내버리고 싶은 경험'이었습니다.

그런데 웬걸요. 천직이었어요, 가르치는 일이. 저는 학생들 앞에서 역사 속 인물을 실감 나게 연기하는 '배우'이자, 이야기를 맛깔나게 들려주는 '작가'였고, 그들의 대답을 통해서 같이 성장해가는 '친구'였습니다.

그때서야 알게 되었어요. 학창 시절에 선생님들이 왜 그렇게 화장하지 말라고 했는지요. 그때는 못난 얼굴, 울긋불긋한 여드름 가린다고 몰래몰래 비비크림을 열심히 발랐거든요. 당시 선생님들은 항상 '화장 안 해도 예쁠 나이'라고 하셨습니다. 그 말을 교사의 자리에서 학생들을 바라보니까 알겠더라고요. 아직도 잊을 수 없습니다. 점심을 먹고 난 후 5교시쯤, 교실 창문으로 나른하게 들어온 햇살에 학생들 볼에 난 솜털이 뽀송하게 반짝이는 모습을요. 너무 사랑스럽더라고요. 그때 결심했습니다. 가장 중요한 가치관을 정립해나갈 나이의 아이들에게 조금이라도 양분이 되는 가르침을 주고 싶다고요.

그런데 도대체 증권사에는 왜 들어갔냐고요? 그것도 경험이었어요. 기업 교육이 저에게 맞는 일인지를 확인하기 위한 경험. 교사는 회사를 다니다가 나중에도 할 수 있지만, 교사를 하다가 그만두고 회사에서 일하긴 어렵다고 판단했거든요. 결국 회사를 다닌 2년이란 시간 동안 증권사는 나와 맞지 않는다는 사실을 알게 되었습니다.

사람들은 '시간 낭비'라고 말해요. 맞아요. 단순히 인생에서 '시간'만 생각한다면 저는 늘 낭비하고 지각하면서 살았습니다. 하지만 드라마 제작 현장을 따라다니면서, 교생 실습을 하면서, 증권사에 다니면서 얻은 경험을 통해 '나 자신'을 알 수 있었어요. 내 길이 아니라는 사실도 직접 해보아야만 알 수 있는 소중한 지식이잖아요.

이 사실을 알기 위해 저는 시간을 투자한 것이라 결론 내렸습니다. 다른 것도 아니고 평생 즐겁게 할 수 있는 '나의 일'을 찾는 거잖아요. 옷을 잘못 고르면 안 입으면 그만이고, 맛없는 메뉴를 선택했으면 다시 시키면 그만이죠. 하지만 하나뿐인 내 인생은 되돌릴 수도 없고, 마음에 들지 않는다고 내팽개칠 수도 없습니다. 그러니 귀한 인생의 길을 만들 때 꼭 '몸으로 뛰어보는 사색'을 해야 하는 거예요. 가능성의 씨앗은 책상에 앉아서 검색만 한다고 해서 열매가 나지 않으니까요.

그렇다면 얼마나 부딪치고 얼마나 시행착오를 겪는 것이 좋을까요.

'해봤더니 내 길이 아니네.' 이거 두 번

'해봤더니 나랑 잘 맞네.' 이거 한두 번.

여러분이 20대, 30대라면 최대한 다양한 경험을 쌓았으면 합니다. 진로를 염두에 두고 아르바이트 자리를 구하거나 인턴을 해봐도 좋아요. 참고로 저도 방송국에서의 아르바이트, 증권사 직원, 고등학교 교사에 이어 네 번째 도전에 사교육계 강사라는 진로에 정착할 수 있었어요. 4번의 횟수가 많은 것 같지만 그렇지 않습니다.

이제는 한 가지 직업만 천직으로 삼는 시대가 아닙니다. 그보다는 여러 직업을 거쳐야 하는 적응의 시대예요. 그러니 일찌감치 자신에게 우왕좌왕하는 비용을 허락하세요. 점을 사방팔방 찍다 보면 나의 선이 분명해질 테니까요.

뼈 좀 때릴게요,
카페는 아무나 차리는 건가요

*

몸으로 부딪치며 자신의 꿈을 이룬 '동적인 사색가'는 우리 주변에 아주 많습니다. 어디 특별한 곳에 사는 특별한 사람들이 아니에요.

제가 한창 임용고시 준비를 했을 때 식사 후에 항상 도서관 주변을 5분 정도 산책했었어요. 근처에 보니 편의점, 떡볶이집, 중국집, 미용실, 크고 작은 커피숍, 액세사리 가게 등 여러 상점이 보이더라고요. 그냥 '소규모 상점이구나.' 생각하고 지나칠 수 있지만 알고 보면 그분들 모두 자기 자본금으로 사업체를 운영하는 어엿한 사장님들이에요. 그런데도 우리는 어떻게 말하나요.

"정 할 거 없으면 열 평짜리 카페나 차릴래요."

"목 좋은 곳에 치킨집이나 차려야겠다. 설렁설렁 살아야지."

"넌 치킨집 사장이나 해. 난 그 옆에서 카페 사장할게."

일종의 관용구처럼 사용되는 하소연들이에요. 그런데 이거 굉장히 오만한 생각이에요.

직장 다니는 삶에 염증을 느낄 때면 슬슬 딴 길이 생각나기 시작해요. 그때 공무원만큼 우리 입에 자주 오르내리는 직업이 카페 사장인 것 같아요. 마치 마음만 먹으면 당장 카페 하나가 땅에서 솟아나기라도 할 것처럼 쉽게 카페 창업을 말합니다.

지금은 우리나라의 카페 문화가 굉장히 발전했지만 10년 전만 해도 오늘날과 같은 문화는 아직 다져지지 않은 시기였어요. 오히려 많은 바리스타와 예비 파티셰들이 일본으로 건너가 전문 과정을 밟은 것으로 알아요. 해당 과정을 꼭 이수하지 않더라도 최소한 일본에서 카페 투어를 하는 게 필수였어요.

소우주를 가진 사람들

잠시 아는 선배 이야기를 해볼게요. 선배의 꿈도 '카페 사장'이었어요. 그래서 대학생 때 휴학을 하고 일본으로 건너가 여러 카페에서 아르바이트를 했답니다. 당시는 우리나라에 스타벅스 매장 수가 많지 않던 시절이었어요.

주변에서는 응원해줬을까요? "너는 교환학생 안 나가? 스펙 쌓기도 어려운 때에 넌 왜 일본씩이나 가서 그것도 아르바이트를 해?"라는 소리를 백 번 정도 들었대요. 그런데도 자신만의 카페 문화를 구현해보겠다는 목적을 갖고 끝까지 밀어붙였어요.

이후에 선배는 한국으로 들어와 대학을 졸업한 후에 회사를 다니면서 자본금을 모았습니다. 그리고 자신이 원하는 곳에서 카페를 창업할 수 있을 정도의 자금을 모은 후에 멋지게 사표를 날렸대요. 건물을 살 여력까진 안 되니 시작은 보증금 얼마에, 월세 얼마로 시작합니다. 그런데 그 첫 번째 카페가 대성공을 거둡니다. 선배는 첫 카페를 높은 가격에 매도한 후에 더 크게 판을 벌렸습니다. 이번에는 제주도에 땅을 매입해서 카페를 차린 거예요.

똑같은 위치에 있는 100평의 땅이라도 집만 지을 수 있는 땅보다 상가를 지을 수 있는 용도의 땅은 가격이 두 배로 뜁니다. 선배는 본인이 가지고 있던 자본금 안에서 배수관, 전기공사, 하수도 공사가 가능한 땅인지 알아본 다음 매입을 해 멋진 건물을 세웠습니다. 많은 사람들이 그토록 꿈꾸는 건물주이자 인스타에서 자주 태그되는 핫플레이스 카페의 사장님이 된 거예요.

어떠세요. '할 것 없으면 카페나 차릴까.', '건물주 되고 싶다.'라는 단순한 푸념이 누군가에게는 마음 품, 손품, 발품까지 팔아야 이룰 수 있는 '대업'이 되는 과정을 본 소감이요.

과연 카페 사장이라는 꿈은 누구의 것이 되는 게 맞는 걸까요? 다른 사람의 이야기라 몇 줄로 요약이 되지만 정작 본인은 이 결실을 얻어내기까지 수년간 힘겨운 과정을 밟아나갔을 거예요.

제 눈에는요. 가게를 운영하는 분들이 소우주 하나씩은

가지고 있는 사람으로 보입니다. 결코 아무나 가질 수 있는 게 아니라는 거죠.

발목까지 담그는 것부터 해보세요

만약 하고 싶은 일이 있는데, 긴가민가한 상태라고 해요. 현재 몸을 담그고 있는 곳에서는 미래가 안 보여요. 그럴 때는 투트랙으로 가보세요. 현재 다니는 직장에 다니면서 남는 시간에 '하고 싶은 진로의 출발선 언저리'에서 서성여 보는 거예요.

만약 카페 사장이 꿈이면요. 바리스타 자격증 과정에 도전하거나, 카페 투어를 하면서 가게의 샘플을 수집해보는 거예요. 카페에 손님으로 갈 때와 '예비 카페 사장'으로 갔을 때는 볼 수 있는 게 완전히 달라집니다. 손님으로 가면 뷰가 좋은 좌석만 눈에 들어오지만, 예비 카페 사장으로 가면 손님들이 한꺼번에 몰렸을 때의 동선 처리와 아르바이트생의 숫자부터 눈에 들어올 거예요. 이렇게 작은 시작이라도 해보자는 거예요.

바다에 발목까지만 담그더라도 바닷물의 온도가 온몸으로 전해지는 것처럼 해당 진로에 살짝 담그는 것만으로도 그 직업의 현실이 전해질 거예요. 딱 여기까지만이라도 본인을 데려다놓으세요. 이게 바로 몸으로 사색하는 거예요.

이 일련의 모든 과정을 역사적·철학적으로 풀면 '되어가기(Becoming)의 힘'으로 표현할 수 있습니다. '되어감'이라는 용어는 영국의 자연철학자 알프레드 노스 화이트헤드에게서 빌려온 거예요.

되어가기(Becoming) = 생성

그는 존재(Being)보다 생성(Becoming)을 중요하게 여겼어요. 미래로 나아가고 변화를 생성하는 것만이 '유의미'하다고 본 거죠. 제가 앞에서 "이 일이 성공할지 실패할지는 아직 더 만나봐야 할 시간이 남아 있다. 이러한 '선의 감각'이야말로 역사적 주체로 사는 태도이다."라고 했는데, 이런 제 관점과도 맞아떨어져요. 이 용어를 들었을 때 '과정',

'선의 한복판', '끝이 없는 방향성(목적)'이 그려졌거든요.

여러분이 아무것도 하지 않은 채 "조용한 곳에서 카페나 차릴까.", "이곳에는 미래가 없어.", "주 4일 근무는 언제부터 시행하는 거야?"라고 하는 것은 존재예요. 그곳이 마음에 들지는 않지만 아무 시도도 하지 않고, 딱히 움직일 생각도 없는 상태죠. 제가 2년간 증권사에서 딴 마음을 품고 근무했던 때도 그런 존재의 상태였어요.

반면 바리스타 수료 과정을 알아보고, 관련 커뮤니티 및 카페에 들어가 정보를 검색하고, 실전 감각을 익히려고 주말 계획을 세운다면 이건 생성에 해당이 돼요. 제가 증권사를 그만두고 임용고시 준비에 진입한 과거의 '부딪침' 역시 생성의 시간이었어요. 생성이 철학적 용어라 낯설게 느껴지면 일상생활에서 쉽게 사용하는 프로세스로 바꿔보는 것도 좋아요.

잠시 영단어 수업으로 들어가면 '프로세스(process)'에서 '수익(profit)'이라는 말이 파생한 것 아시죠? 어떤 결과를 내는 데에 필요한 과정이 프로세스예요. 이 과정을 밟다 보면 이익이 생깁니다. 그러니 '작은 시작'을 통해 나만의 생성 시스템을 구축해가세요. 그럼 생성의 과정, 즉 프로세스를 통해 여러분이 원하는 수익이 발생하게 된답니다.

잘하는 일보다
좋아하는 일을 해야 하는 이유

＊

똑같은 장소에서 똑같은 일을 하고 있다고 해서 그 안에 있는 사람들이 다 같은 게 아니에요. 스스로 공직에 진출해서 '지역사회를 위해 이런 건 좀 해보고 싶다.'라는 의지를 가진 사람이 공무원 사무를 보는 것과 오직 철밥통만 바라보고 공무원 사무를 보는 것 사이에는 큰 차이가 존재하죠.

교사라는 직업도 마찬가지입니다. 학생들을 사랑해서 교단에 선 분과 연금과 방학이 좋아서 선 분과는 학생들에게 느껴지는 온도 자체가 달라요. 아이들이 모를 것 같죠? 다 알더라고요.

　　　　　내가 좋아하는 일을 찾을 수 있다면

직업에는 귀천이 없지만

참고로 저는 제자들을 호명할 때 '쨱쨱이'라고 부릅니다. 수업이 끝나고 나서 질문이 있다며 아이들이 몰려오는 모습이 참새 새끼 같았어요. 그 모습이 사랑스러워서 지금도 제자들에게 '쨱쨱이'라고 부르고 있습니다. 정말로 쨱쨱이들을 사랑하거든요.

보통 이런 이야기 많이 하죠. 직업에는 귀천이 없다고. 네, 맞아요. 직업에는 귀천이 없어요. 하지만 자신의 직업을 대하는 태도에는 귀천이 존재해요. 그 사람이 어떤 직업을 가졌느냐보다 자신의 직업을 어떻게 대하느냐가 귀하고 천함을 결정하는 거라 생각합니다.

김밥 장사를 하더라도 '김밥 한 줄이 곧 내 점포이다. 전세계에서 가장 영양가 높은 열 가지 채소로 만든 김밥을 만들 거야.'라는 생각으로 만들면 그 김밥은 명품 김밥이 되는 반면, 부모님이 맛집으로 키운 김밥집을 인수받아 그냥 편하게 살 거야.'라는 생각으로 뛰어들면 그 집의 김밥은 곧 평범해지고 맙니다.

저는 여러분이 좋은 직업을 천하게 대하는 삶을 살기보다, 처음에는 아무도 주목하지 않는 일이지만 여러분이 그것을 귀하게 대함으로써 업의 질을 높이는 혁신가가 되었으면 좋겠어요. 이렇게 되기 위해서라도 좋아하는 일에 뛰어들어야 합니다.

좋아하는 일이란
처음에만 좋은 게 아니에요

내가 좋아서 하는 것과 다른 목적 때문에 하는 것 사이에는 여러 차이점이 존재하는데요. 그중 하나가 아침에 떠지는 '눈꺼풀의 반응 속도'입니다.

종종 아침에 일어나지 못해서 힘들어하는 분들의 고민을 접하는데요. 전 완전히 반대 경우예요. 오히려 새벽에 너무 빨리 눈이 떠질까 봐 걱정이 되거든요. 눈만 뜨면 새벽 4시 40분이니 눈만 감고 있다가 기상 시간을 채우는 날도 많아요. 잠이 없는 편이기도 하거니와 제가 너무 좋아하는 일을 하니까 눈이 저절로 떠지는 거예요. 눈이 번쩍, 8초 정도 뒤척이다 바로 기상해서 공복에 물 한 잔. 이게 제 아침의 첫 루틴입니다.

전 아침, 점심, 저녁 중 아침을 가장 중요하게 생각합니다. 아침이 그냥 오는 것 같죠. 아니에요. 내 하루를 채워주기 위해 온 귀한 손님이에요. 하루의 문을 열어주는 그 귀한 시간, 눈꺼풀은 그 아침과 마주하는 첫 번째 몸짓이라는 점에서 의미가 결코 작지 않아요.

단, 여기에서 오해하면 안 되는 게 있습니다. 눈꺼풀이 자동으로 떠질 만큼 좋아하는 일을 한다고 해서 매 순간, 행복하거나 좋은 것만은 아니라는 사실이에요. 성공한 분들이 입이 마르고 닳도록 좋아하는 일, 가슴 뛰는 일을 강조하는 이유는 지난한 과정을 잘 참고 인내할 수 있기 때문이에요. 한 분야에서 의미 있는 성과를 내는 분들은 그 업황의 희로애락을 잘 견디는 엉덩이가 무거운 사람이지, 멋지게 옷을 차려입고 프레젠테이션만 잘하는 사람이 결코 아니에요.

좋아하는 일을 하면서 살고 있는 저를 떠올려볼까요? 저의 하루 일과가 어떨 거 같으세요. 다들 드라마에 나오는 '블링블링한' 삶을 떠올리더라고요. 멋있게 옷을 입고 키보드도 세련되게 두들기고 활기차게 강의하는 모습 말이에요. 이거 대단한 오해입니다. 옷으로 비유하자면 깔끔한 흰색 셔츠보다는 오히려 땀내 나는 작업복이 저의 본모습에 가까워요. 좋은 강의와 교재라는 성과물을 만들기 위해 허겁지겁 일하다 보면 어느새 땀에 젖어 있곤 하니까요.

한 강의를 준비하는 데 대략 5~6시간 정도가 걸립니다. 10년 넘게 촬영일을 제외하고는 하루에 10시간 이상씩 꼬박 공부해요. 저라고 이 과정이 365일 매 순간 신나기만 할까요. 이 세상에 공부가 마냥 좋기만 한 사람은 없을 거예요. 하지만 제가 치열해야 제자들이 편해지더라고요.

그리고 항상 즐거운 건 아니지만, 그래도 중간중간 아주 즐겁습니다. 치밀하게 교재와 강의를 준비하다 보면 분명 제자들에게 큰 도움이 되는 포인트들이 보이거든요. 그럼 짜릿해요. 일하면서 보람이 있어야 이 노동을 운명처럼 여

내가 좋아하는 일을 찾을 수 있다면

기고 계속해나갈 수 있는 거예요.

"역사는 내용이 달라지는 게 아닌데 왜 매번 강의 준비를 하세요?"

"왜 매년 교재가 개정되나요?"

이렇게 질문하는 분들이 있어요. 전혀 아닙니다. 똑같은 강의라도 매년, 매 순간이 새로워요. 학생들을 만족시키는 것은 굉장히 까다로운 일입니다. 조금이라도 대충하면 학생들이 제일 먼저 알아차려요.

그러니 매번 발전하기 위해선 끊임없이 제 일을 보살피고 발전시켜야 합니다. 멋진 집을 지었다고 생각해보세요. 한번 지었다고 끝이 아닙니다. 전기가 좀 더 절약되도록 태양광을 설치할 수도 있고요. 주차장도 더 근사하게 바꿀 수 있겠죠. 반복되는 일을 매번 새롭게, 끊임없이 더 좋게 만들려고 혁신하는 것, 이 과정을 잘 견디는 사람만이 자신의 분야에서 왕관을 쓸 수 있습니다.

이런 관점으로 보면 좋아하는 일에 대해 알게 모르게

가졌던, 그저 반짝반짝 빛나기만 할 것 같다는 선입견, 은 연중에 높게만 잡아둔 진입장벽을 낮추는 게 가능해 보이는데, 여러분 생각은 어떠세요?

내가 좋아하는 일을 찾을 수 있다면

초심, 중심, 끝심의 비밀

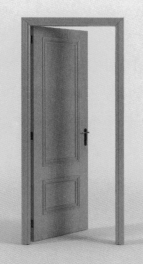

*

지금까지 좋아하는 일이라고 하면 열정을 다하는 일로만 여겼을 거예요. 하지만 이렇게 접근하면 오히려 내게 맞는 일들을 놓칠 우려가 있습니다. 이런 선입견도 벗으면서, 동시에 좋아하는 일에 대한 진입장벽을 낮추는 방법으로 여러분이 염두에 둔 그 일에 대해 '시제'를 붙여보는 방법이 있습니다. 대략 초심, 중심, 끝심 정도만 붙여도 될 것 같아요.

- 초심 : 그 일에 막 뛰어들었을 때의 마음
- 중심 : 일에 대한 숙련도가 어느 정도 올라섰을 때의 마음

• 끝심 : 전문가 수준에 올라섰을 때의 마음

어떤 일이든 연차에 따라 숙련도와 흥미도, 미래 가능성이 다르게 다가오기 마련인데 정말 아침마다 눈뜨기 싫을 정도로 곤욕스러운 일이 아니라면, 시제를 붙이는 것이 여러분이 도전하고 싶은 일이나 현재 하는 일의 의미를 재발견하는 데 도움이 될 거예요. 예를 들어서 살펴볼게요.

처음에만 좋은 일, 점점 좋아지는 일

처음에는 설렘을 안고 자신이 원하는 화장품 기업의 마케팅 부서에 입사했다고 해요. 입사 초기에는 모든 게 재미있고 흥미진진했어요. 하지만 1년이 지나자 해당 부서를 지나가는 정거장으로 대하는 선임들을 보게 됐어요. 그런 모습을 본 나는 어때요? 이곳으로 오고 싶어 했던 초심은 온데간데없이 사라지고, 나 역시 다른 곳을 기웃거리게 돼요. 그럼 이 일은 뭐예요. 초심만 존재하는 1년짜리 일인 거예요. 이건 진정한 의미의 좋아하는 일이라고 보기엔 어렵겠죠.

이번에는 반대 케이스예요. 수료 과정을 마친 뒤 파티셰라는 직업을 얻었어요. 막상 취업하니 말만 파티셰지 키친 테이블에서 종일 반죽 만들고 빵 굽는 기계만 들여다보고 있어요. 빵을 만드는 나보다 빵을 굽는 오븐이 더 행복해 보이기까지 해요.

그럼에도 불구하고 나는 그 일을 그만둘 생각이 없어요. 언젠가 내 가게를 열어서 나만의 시그니처 빵을 출시하고 싶고, 또 원하면 해외 취업도 할 수 있다는 것을 알거든요. 내가 만든 빵이 인종과 국경을 뛰어넘어 사랑받을 수 있는 가치재라는 것을 알기에 더 정성을 쏟게 돼요. 이 경우는 초심보다 중심에, 중심보다 끝심에 더 큰 의미가 부여되는, 그야말로 '좋아하는 일' 그 자체예요. 이걸 그래프로 그려 볼게요.

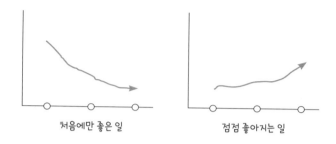

처음에만 좋은 일　　　　　　　점점 좋아지는 일

　화장품 기업의 마케팅 부서에 몸담은 사람은 초심에 정점을 찍고 내려가는 그림이, 파티셰로 일하는 사람은 점점 만족도가 상승하는 그림이 만들어집니다(참고로 해당 직업은 예시일 뿐, 절대적인 것은 아니니 주의해주세요. 이 반대일 수도 있는 거예요).

　어쩌면 많은 이들이 선망하는 직업이라는 게 입사 전과 입사 초반에만 최상의 만족도를 보이다가 (거북이걸음이기는 하나) 천천히 하향화되는 모습을 띠는 경우가 많을 거예요. 지금의 현실이 여실히 보여주고 있잖아요.

　그토록 힘들게 공부해서 7급, 9급 공무원이 됐음에도

1~2년 만에 그만두는 분들이 왜 그렇게 늘어나는 걸까요. 또 굴지의 대기업에 엄청난 경쟁률을 뚫고 들어갔음에도 어째서 기업들은 신입사원 붙잡기에 혈안인 거고요. 아마 퇴사한 분들 눈에는 공무원이나 대기업 입사의 가치가 초심은 물론 중심과 끝심까지 이어질 만큼 크게 다가오지 않았나 봐요. 저는 이분들이 철이 없어서, 현실을 몰라서 그만뒀다고 생각하지 않아요. 자신의 인생을 걸고 그만둔 만큼 가벼운 마음으로 선택한 결정이 아닐 거예요.

처음에는 직업의 안정성과 현실적인 조건이 좋아서 뛰어들었지만 막상 그 직업에 발을 담그니 '평생 해야 할 가치나 명분'을 발견하지 못했던 거죠. 제가 증권사에 다녔을 때 딱 이 입장이었거든요.

이처럼 일에 시제를 붙여보라고 한 이유는 점점 내가 좋아할 수 있고, 연차가 누적될수록 가치를 느낄 만한 일인지 시선을 멀리 던져보라는 의미도 있지만 다른 뜻도 있습니다. 자칫 그 일이 주는 보상이 좋아서 혹은 남들이 알아주고 인정해주는 일이라서 매달리고 있는 것은 아닌지, 그래서 정작 '그 일을 살아내는 나'를 소외시키고 있는 것은

내가 좋아하는 일을 찾을 수 있다면

아닌지 살펴보자는 뜻이에요. 그래서는 안 되는 거니까요.

뜨거운 마음,
여러분에겐 열복이 있나요

이쯤에서 한 가지 질문을 드릴게요. 여러분은 본인 스스로 경제적 보상이나 타인의 인정, 연금이나 안정성과 같은 세속적인 가치를 최우선으로 좇는 편인가요? 갑자기 무슨 뚱딴지같은 소리냐고요. 아니요. 이 타이밍에 나와야 할 질문이에요. 세속적 가치들이 중요하지 않다고 이야기하는 것이 아니에요. 그 점유율이 얼마나 되는지 짚어보라는 의미로 드리는 질문이니 오해는 하지 말아주세요.

'일'에 대한 저의 단단한 마음을 만들어주신 분이 바로 다산 정약용입니다. 정약용 선생님은 세상에 두 가지 행복이 있다고 했습니다. 그중 하나가 뜨거운 행복인 '열복(熱福)'입니다. 사명감을 갖고 관직에 나아가서 열심히 일하다 보면 느껴지는 뜨거운 감정이 열복이에요. 이러한 뜨거운 행복을 느끼면서 일하는 것이 정말 중요하거든요. 그 일을 했을 때 느끼는 보람과 사명감, 타인에게 미치는 선한 영향력, 내가 하는 일을 통해 어제보다 나은 사회를 만드는 데 기여하고자 하는 마음. 이것이 있고 없고에 따라 짧게는 일의 성과가 달라지고요. 길게는 삶의 방향도 바뀝니다.

제가 제자들에게 역사를 재미있게 가르쳐서 조금이라도 공부의 부담을 덜고 역사에 대한 흥미까지 전달하고 싶다는 마음으로 임용고시에 뛰어든 것처럼, 여러분 마음 안에도 이런 뜨거운 마음이 하나씩은 존재할 거예요.

그리고 그런 뜨거운 마음은 자신을 더 크게 사용하도록 만듭니다.

나를 크게 사용한다는 의미는
많은 이들에게 좋은 영향을 미치는 자리에
자신을 두는 것을 이야기합니다.

예를 들어 지금은 수의대를 다니는 학생이지만 공부를

마치고 나면 유기견 보호센터로 진료 봉사를 해보는 거죠. 또는 프로그래머 개발자로 일하고 있지만 언젠가는 소외 계층을 대상으로 IT 교육을 하는 일일 교사를 해보는 거예요.

같은 수의대생이더라도 높은 소득만 염두에 둔 사람은 그것만 좇는 인생을 계획하지만, 동물을 너무 좋아해서 공부하는 사람이라면 반드시 더 크게 자신의 재능을 사용할 궁리를 하게 될 거예요. 맞아요. 내가 '어떤 직업을 갖느냐' 보다 그 직업을 통해 '무엇을 이롭게 하고 싶은지'가 더 중요해요.

아이러니하게도 후자의 경우 훨씬 더 많은 부와 보상이 따라온다는 사실 알고 계시나요. 고객들이 바보가 아닌 이상 전자보다 후자가 더 진정성 있게 자신의 민원을 해결해줄 거라는 사실을 직감적으로 느끼거든요.

돈이나 직업의 안정성과 같은 세속적인 가치를 무시하고 직업을 선택하라는 것이 아니라, 더 큰 가치를 추구함으로써 세속적인 가치는 저절로 따라오도록 만들라는 의미로 정리하면 될 것 같아요. 거기에다가요, 타인을 이롭게 만들기 위한 일은 여러분에게 뜨거운 행복을 느끼게 해줄 거예요.

더 큰 가치를 추구하면서 살아가면요. 남들이 나를 인정해주지 않는 상황에서도 자신을 지킬 수 있게 됩니다. 앞서 얘기한 정약용 선생님은 무려 18년간 유배 생활을 했어요. 심지어는 유배 생활이 끝나고서도 다시 벼슬을 하지 못했죠. 하지만 그는 직접 쓴 자신의 묘지명에 이렇게 남깁니다.

"간사한 무리들이 나를 좌절시켰지만, 하늘이 너를 사랑해 쓰셨으니 잘 간직하면 언젠가는 멀리까지 뜻을 떨치리라."

지금은 비록 인정받지 못하더라도 더 나은 나라를 만들기 위한 선한 의지를 갖고 살았던 분이니 언젠가는 자신이 인정받는 세상이 올 거라는 확신이 담겨 있는 거죠. 스스로의 일에 대해 자신이 있다면 삶에 확신이 생기는 거예요.

저는 평소 일에 대해 다음과 같은 두 가지 신념을 갖고 있어요.

- 첫째, 일은 하는 것이 아니라 살아내는 인생 그 자
  체라는 것
- 둘째, 좋아하는 일을 하게 되면 내가 좋은 사람이
  된다는 믿음

우리나라 건국 이념이 홍익인간이잖아요. 널리 세상을 이롭게 하라. 우리 부지런히 좋아하는 일을 찾아 그 일을 통해 세상을 이롭게 만들어봐요. 여러분도 함께할 수 있을 거라 믿습니다.

목표가 단거리라면,
목적은 마라톤이에요

*

"지금까지는 대충 직업을 가지고 살았는데 그래도 한번은 꿈을 가져봐야 하지 않겠어요? 마지막으로 힘을 내어볼 수 있는 나이이기도 하고요. 지금이 아니면 못해볼 것 같아요."

어떠세요. 혹시 본인의 이야기라고 생각하지 않으세요. 실제로 저는 이런 40대 직장인들의 댓글을 심심치 않게 봅니다. 많은 사람들이 꿈과 직업, 목적과 목표의 경계가 모호한 것 같더라고요. 그래서 준비해봤습니다. 꿈, 목적, 목표가 무엇이고, 어떻게 다른지에 대해.

목표와 목적, 그 다름에 대하여

목표와 목적은 한 글자 차이지만 그 의미는 어마어마하게 다릅니다. '두 달 안에 5킬로그램 빼기', 'OO기업 입사하기', '악기 하나 배우고 연말에 연주회 하기', '분기별로 산 하나씩 정복하기'가 목표의 예시들이에요. 뭔가 느낌이 오지 않나요? 맞습니다. 목표는 단거리 달리기와 같아요. 손에 잡히는 기간이 있고, 뚜렷하게 달성해야 할 대상도 있습니다.

• 목표 : 목적을 이루기 위해 도달해야 하는 곳

방금 언급한 목표에 대해 실현 계획을 짜볼까요? 대한민국 남녀노소의 목표인 다이어트 계획을 짜는 거예요. 두 달 동안 5킬로그램을 감량하기 위해 식단부터 바꿔야겠죠. 끼니마다 닭가슴살을 먹고 채식주의자에 빙의해 죄다 풀로만 식단을 짰어요. 금요일엔 두부, 오징어, 콩고기도 곁들어 먹었어요. 드디어 두 달 만에 5킬로그램을 뺐어요. 그런데 뭔가 허무한 거예요. 그렇게 좋아하던 치킨과 빵을 볼 때마다 '내가 무슨 부귀영화를 누리겠다고 이 짓을 하는 건가.' 싶어 한 번은 해도 두 번은 못하겠다고 결론을 내려버리죠.

목표를 달성했는데도 허무한 이유는 뭘까요. 뚜렷한 목적 없이 목표만 가지고 달려들었기 때문이에요. 목표는 성취하면 종료되는 '단일한 사건'이지만, 목적은 평생을 두고 좇아가야 하는 '방향성'이거든요.

- 목적 : 실현하고자 하는 일이나 나아가는 방향

목표가 '무엇을'에 대해 답을 다는 과정이라면, 목적은 '왜?'라는 질문에 대한 답을 다는 과정입니다.

왜 5킬로그램을 빼려고 하는 거예요? 아름답고 건강한 나를 만들기 위해서잖아요. '5킬로그램 감량'이라는 목표만 가진 사람은 살을 빼도 허무하지만, 건강이나 자신감에 목적을 둔 사람은 허무해지지 않아요. 숫자를 위해서가 아니라 자신의 몸과 자신감을 위해 건강한 음식을 먹고 운동을 했기 때문이에요.

목표가 아닌 목적을 바라볼 때
우리가 얻는 것들

정리하면 목표가 '필요의 단어'라면 목적은 '방향의 단어'입니다. 그러니 목표 너머에 있는 목적으로 시선을 멀리 잡아주세요.

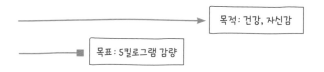

한 가지 덧붙이면요. 목표는 달성하면 눈으로 아주 쉽게 보입니다. 살을 빼면 꽉 끼던 청바지가 헐렁해지고, 올려놓은 성적은 성적표에 숫자로 기록이 돼요. 반면 목적은 달성해도 뚜렷하게 보이지 않을뿐더러 긴 시간을 필요로 해요. 이때 등장하는 단어가 가시성이에요. 가시성(可視性)은 눈으로 볼 수 있는 성질을 의미해요.

성공하려면 참을성, 인내심이 필요하다고 하잖아요. 우리는 흔히 "인내심을 갖고 공부해야 좋은 대학에 갈 수 있어.", "회사생활도 참을성 있게 못하면서 네가 무슨 사업이야?" 등등의 이야기를 듣습니다.

학교에 다닐 때에야 성적으로 인생의 수준이 결정되지만, 사회인이라는 이름표를 다는 순간 학교 성적은 유물이 돼요. 그럼 무엇이 그 수준을 결정할까요? 결과가 나올 때까지 버티는 능력, 바로 인내심으로 결정이 돼요. 버티면 바뀌거든요. 이 힘의 의미를 '목적 = 방향성'을 가진 사람은 알고 있습니다.

목적 없이 목표만 추구하는 사람은 가시성에 따라 울고 웃어요. 그러느라 지쳐서 엉뚱한 짓을 하거나 중도 포기를 선택해버리죠. 회사생활을 한번 볼까요. 나는 프로젝트를 맡아서 열심히 했어요. 그런데 아웃풋이 안 나오니 팀원들을 쪼거나 일이 풀리지 않을 때마다 욱해서 감정을 여기저기 집어던져요. 남들 눈에는 '기분대로 행동하는 사람'처럼 보이니 평판도 같이 나빠져요. 이건 아웃풋이라는 단기 목표만 바라봐서 그래요.

반면, 목적까지 보는 사람은 애매모호한 순간을 잘 통제해갑니다. '이 프로젝트에서 좋은 결과가 나오지 않더라도 팀원들과 돈독해졌으니 됐어. 팀워크는 무형 자산이고 이게 내가 이번 프로젝트에서 얻고 싶은 목적 중 하나였으니까.'라고 생각하니 기분 상할 리 없고 평정심이 저절로 유지돼요. 평판이 좋아지는 것은 덤이고요. 그러고 보니 목표는 감정 기복과 짝꿍인 반면, 목적은 평정심 유지와 짝꿍이네요.

여러분의 짝꿍어는 무엇인가요?

이처럼 목표와 목적은 그 의미도, 담고 있는 시제도, 미치는 영향력도 전부 다릅니다. 글자만 비슷한 것 빼고는 닮은 게 하나도 없어요.

꿈, 생의 오브젝트를 위하여

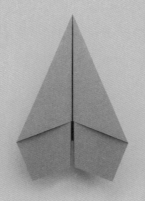

＊

지금부터는 대망의 꿈 이야기입니다. 목표를 시작으로 목적을 지나, 드디어 꿈에 도착했습니다.

한국인들 대부분은 '꿈'과 '하고 싶은 일'을 같은 것으로 생각합니다. 그런데요. 이 둘은 절대 같지 않아요. 이걸 헷갈리는 사람은 이렇게 말하죠. "난 아이돌로 데뷔하는 게 어릴 때부터 꿈이었어."라고요. 하지만 '직업'은 꿈을 이루는 수단이지 결과가 아닙니다. 정리하면 하고 싶은 일을 함으로써 원하는 꿈에 가까이 갈 수 있는 거죠. 꿈과 관련한 역사 속 인물을 지금부터 소개해드릴게요.

목표만 있는 사람, 목적과 꿈이 있는 사람

이분은요, 울산의 한 엘리트 가문에서 태어났어요. 아버지는 승정원 승지, 요즘으로 치면 대통령 비서실장을 역임했습니다. 소년의 이름은 박상진. 그의 어릴 적 '장래 희망'은 판사였습니다.

그의 꿈은 '어려움에 처한 국민을 돕는 것'이었습니다. 판사라는 직업은 분명 그의 꿈을 실현하기 위한 좋은 재료가 되었을 거예요. 공부도 곧잘 해 판사 시험에 합격해 평양재판소 판사로 발령이 납니다. 하지만 바로 판사 자리를 포기해버려요. 왜일까요? 그 해가 바로 1910년이었거든요. 바로 일제에 의해 나라의 강토를, 주권을 빼앗긴 해, 경술년.

판사라는 좋은 자리를 그만둘 수 있었던 가장 강력한 힘은 무엇이었을까요? 그의 꿈은 어려움에 처한 국민을 돕는 것이지, 판사가 되는 것이 아니었기 때문입니다. 일제강점기에 판사가 된다면 그는 독립운동을 하다가 잡혀온 우리 민족을 처벌하는 사람이 될 게 분명했어요. 식민지 치하에 있는 한 민족의 고통을 멈추기 위해 그가 해야 할 일은 판사가 아닌 독립운동이었던 거죠.

그는 어릴 적 장래 희망이었던 판사가 되지는 못했습니다. 하지만 죽는 순간까지 '정의로운 삶'을 향해 달려갔습니다. 판사에서 독립운동가로 직업은 바뀌었지만, 목적과 꿈은 바뀌지 않았습니다. 목적과 꿈이 꼿꼿하게 서 있는 사람은 길을 잃지 않습니다. 하지만 반대의 경우도 있죠.

같은 시기에 활동한 이완용은 박상진 열사와 같이 촉망받는 인재였습니다. 하지만 그의 나침반은 고장이 나버렸어요. 꿈과 목적이 없이 눈앞의 이익만 탐닉했습니다. 그는 때로는 친미파로, 때로는 친러파로, 때로는 친일파로 정처 없이 색을 바꾸고 다녔습니다. 결국엔 일본에 나라를 팔아먹는 데 앞장서서 우리에겐 대표적 친일파로 남게 되었죠.

매국의 대가로 엄청난 자산을 축적해서 경성 최고의 현금 부자가 되었지만 그를 바라보는 국민의 시선은 싸늘했습니다. 거리를 지날 때마다 사람들은 그를 조롱했고, 개에 비유했고, 그에게 침을 뱉기도 했으니까요.

분명 그에게도 목표는 있었을 거예요. 예를 들면 '돈 많이 벌기', '높은 관직에 오르기'처럼 눈에 보이는 선명한 목표. 그런데 목적과 꿈이 없었기 때문에 거기에서 그친 거예요. 결국 그는 1909년 12월 22일 명동성당에서 나오다 군밤 장수로 변장한 이재명 의사의 칼에 찔려 왼쪽 폐의 기능을 상실합니다. 이때의 후유증으로 폐 질환을 앓다가 1926년에 사망합니다.

평생에 걸쳐 이뤄야 할 생의 오브젝트

사람마다 조금씩 차이는 있을 수 있는데요. 제가 생각하는 꿈의 정의는 좀 거시적인 개념입니다.

- 꿈 : 자신이 추구하는 목적이 통합적으로 이루어진 상태

이렇게 쓰고 보니 더 거창해 보이네요. 이다지 인생에 빗

대어 꿈의 정의를 풀면 다음과 같아요.

"나의 꿈은 학생들을 가르치면서 보람을 얻고, 건강한 몸과 마음을 유지하면서 주변 사람과 조화롭게 살아가는 거예요."

참 다방면으로 욕심이 많지요. 벌써 몇 개의 소망이래요. 이 꿈을 다 이루려면 시간이 좀 필요할 것 같아요. 굳이 기간을 부여한다면 가만 있어보자 '한평생'이 될 것 같네요. 맞습니다. 꿈은 사는 내내 도전하고 시행착오와 성장통을 겪으며 빚어야 할 '생의 오브젝트(Object of life)'입니다. 저 이다지의 생의 오브젝트를 봐주세요.

- 오브젝트 1. 학생을 지도하면서 보람을 얻는다.
- 오브젝트 2. 건강한 몸과 마음을 유지한다.
- 오브젝트 3. 주변 사람들과 조화롭게 살아간다.

뭐 하나 쉬운 것도 없고 당장 얻을 수 있는 것도 아니지만 저란 사람은 저 정도는 이뤄야 만족할 것 같아요.

이참에 여러분도 목표와 목적, 꿈의 관계를 구분해보고,

평생을 들여 이루고 싶은 생의 오브젝트에 대해 고민해보세요. 그럼 적어도 인생이 헛헛하지는 않을 거예요.

"일단 시작만 해.
그 시작과 어울리는 집중과 보상 체계는
알아서 만들 테니."
여러분이 가진 '시작의 뇌'를 믿어보세요.

3*

공부를
'나의 운명'으로
만드는 순간

후천적인
성공 DNA 만들기

최선을 다했는지 아니었는지는,
내가 알아요

*

3년 전쯤인가, 이탈리아로 답사를 떠난 적이 있습니다. 사진을 보여주면서 가르치던 역사의 현장을 눈으로 보니 들뜨고 설레더라고요. 누가 나를 번쩍 들어서 그곳에 데려다놓는 느낌이 들 만큼 몸도 가볍고 마음은 둥둥 떠다녔어요.

미켈란젤로의 최선

콜로세움을 시작으로 판테온 신전, 시스티나 성당까지 실물로 보니 그 규모의 웅장함은 형용할 수가 없었습니다.

특히 시스티나 성당 천장에 있던 '천지창조'는 고개를 들고 쳐다보는 순간 그림이 와락 하고 나에게 달려드는 기분이었어요. 저도 모르게 눈물이 핑 돌았습니다. 단순히 그림이 멋져서가 아니었어요. 천지창조는 지구상에 존재하는 것들 중 '최선의 오브제'거든요.

항상 제가 수업 시간에 해주는 이야기가 있어요. 교황 율리오 2세가 미켈란젤로를 테스트하기 위해 천장화를 부탁합니다. 사실 황당한 부탁이었어요. 애초에 그는 조각가로 유명했지, 화가로 유명한 사람이 아니었거든요.

시스티나 성당의 천장 길이가 36미터, 너비만 해도 13미터, 천장의 높이가 무려 20미터나 됐습니다. 생각해보세요. 그 정도 높이까지 올라서 매일 18시간씩 팔과 고개를 들어 그림을 그려야 해요. 그것도 4년씩이나요. 신에게 기도하며 작업이 성공하기를 빈 미켈란젤로의 모습이 안타까웠는지 친구가 옆에서 이런 말을 합니다.

"뭐 이렇게 정성을 쏟아. 중요한 부위만 열심히 하고 나머진 대충 그려. 누가 안다고 그렇게까지 해."

그러자 미켈란젤로가 이렇게 답합니다.

"내가 알아, 열심히 했는지 안 했는지는."

우리는 너무나 쉽게 '최선'을 다했고, '열심'히 했다고 말합니다. 정말 많이 사용하는 말이에요. 그런데 최선의 선(善)이 최고라는 의미인 것, 알고 있으신가요? 최고 중의 최고일 만큼 노력한 상태가 최선이에요. '열심'은 어떨까요. 열심(熱心)은 마음에서 불이 타는 상태예요. 마음에 불이 날 정도로 뜨겁게 노력했을 때에만 열심히 했다고 말할 수 있는 거죠.

진심으로 최선을 다하고 열심히 한 사람은 미켈란젤로처럼 자신과 타협하거나 남을 속이지 않습니다. 그런데 대부분 사람은 '이 정도면 되겠지.' 하고 넘겨버려요. 자신에게 물어보세요. 정말 '이게 나의 최선이야?'라고요. 다른 사람은 몰라도 자기 자신은 정확히 알 수 있어요. 그럼에도 잘 모르겠다 싶은 분은 스스로 이 질문을 던져보세요. 그럼 모든 진실이 밝혀질 거예요.

"노력했던 시간으로 돌아가 다시 살라고 하면,

또 할 수 있겠어요?"

더도 말고 덜도 말고 이거 하나만 물어보세요.

돌아가고 싶은 날이 있나요

인터넷 강의를 시작한 지 3년 차였던 해에 친구들과 수다를 떠는데 한 친구가 이렇게 물었어요.

"과거로 돌아간다면 몇 살로 돌아가고 싶어?"

언제로 돌아가면 행복할까 신나게 고민한 친구들은 "나는 스무 살. 제일 예쁜 나이니까.", "취준생인 20대 중반, 그때로 돌아가서 다른 곳을 선택할래.", "아예 초등학생으로 돌아가서 인생 자체를 리셋해보고 싶어." 등의 대답을 내놓았어요. 저는 뭐라고 답했을까요? "음… 난… 없어."였습니다.

아무리 생각해도 돌아가고 싶은 나이가 없더라고요. 친

구들이 언급한 나이 순서대로 돌아가보면요. 제 스무 살 때는요. 전액 장학금을 받지 못하면 등록금을 낼 수 없었던 상황이었죠. 대학 4년 내내 고3 때보다 더 열심히 공부를 해야 했습니다. 그럼 취직하던 당시는 어떨까요. 취업의 기쁨도 잠시, 잘 다니던 회사를 그만두고 임용고시생으로 살았잖아요. 여러분 같으면 이 용기를 다시 내볼 수 있으신가요? 전 못해요. 마지막으로 정교사를 그만두고 인터넷 강의를 준비하던 때는요. 이때라고 마냥 행복했을까요. 강의 시작하고 책 쓴다고 하루에 두 시간만 자다가 저세상으로 갈 뻔했어요.

그러니 어느 때로도 돌아가고 싶지가 않은 거예요. 왜냐하면 그때의 나보다 더 잘해낼 자신이, 더 버틸 자신이, 더 독할 자신이 없었어요. 과거의 나를 절대로 이기지 못할 게 뻔하니까요. 혹시라도 신의 장난으로 과거로 돌아간다면 나를 갈아넣어서 만들어온 강의와 교재들을 다시 처음부터 만들어야 하는데, 생각만 해도 끔찍하네요.

레오나르도 다빈치가 이렇게 말했어요.

"잘 보낸 하루는 행복한 잠을 자게 해주고, 잘 살아온 삶은 행복한 죽음을 맞게 해준다."

후회하지 않을 정도로 하루를 보내면 뿌듯해서 잠이 아주 잘 와요. 미련 없이 최선을 다해 산 사람은 죽음 앞에서도 정말 열심히 살았다는 생각이 들겠죠.

반면에 하루를 대충, 흐지부지, 적당히 때웠다고 해봐요.

예를 들어 학창 시절에 다른 친구들은 눈에 핏줄이 설 정도로 집중해서 공부하는데 혼자만 다른 차원의 세계에 있는 거처럼 빈둥빈둥 시간을 보낸 날 기분이 어땠나요? '이런 날도 있지 뭐, 어떻게 사람이 늘 공부만 하나.'라고 외면해봐도 분명 후회했잖아요. 남들은 전속력으로 달리면서 귀한 땀방울을 흘리고 있을 때 혼자만 뛸까 말까 망설이는 순간에도 이래도 되나 싶었잖아요. 항상 타협하고 싶은 순간이라면 '미켈란젤로가 보낸 최선의 시간'을 떠올려보세요.

그가 천지창조를 그릴 때 하루에 18시간씩 4년 동안 그렸잖아요. 가만히 생각해보니 이 기간이 전문대학원이나 전문자격증 취득에 걸리는 시간이더라고요. 꼭 공부가 아니어도 상관없어요. 10평짜리 가게 하나 차려서 자리를 잡기까지도 저 정도 기간이 소요됩니다.

> **"나는 _____ 를 얻기 위해**
>
> **하루에 _____ 시간씩 _____ 년간 매달리겠다."**

이렇게 최선의 분량을 스스로 정하고 '나만 아는 노력들'로 채워나가는 거예요. 천지창조는 아니어도 '목적 창조'는 달성할 수 있잖아요. 내가 원하는 바를 달성하면 그게 나의 세상을 창조하는 밑거름이 되어줄 거니까요. 이게 반복되면 내 안에 성장 시스템이 자리 잡히면서 어느 순간부터는 힘을 들이지 않고도 목표를 향해 내달리게 될 거예요. 이 경지에까지 오르는 힘. 나만 아는 나의 노력들이에요.

누구나 한 번은
공부가 운명인 날이 찾아올 거예요

*

교사로 일하고 있을 때 정말 '최선'을 다해 '열심'히 사는 학생을 만났어요. 남들보다 조금 화려한 중학교 시절을 보내던 이 친구 이름을 '동백'이라고 할게요.

안경에 골판지를 끼운 이유

동백이는 중학생 때 집안 분위기가 좋지 않아서 왜 공부해야 하는지에 대한 문제의식이 전혀 없었대요. 그래서 학교도 가끔 빼먹는 등 허투루 시간을 보냈더라고요. 그러다 이 친구의 인생을 바꿔놓는 계기를 만납니다. 운 좋게 특별전형으로 공부 잘하는 학생들이 모인 자사고(자립형 사립 고등학교)에 입학한 것이었어요.

중학생 땐 꿈이 없어 어영부영 시간만 보내고 말았는데, 고등학교에 와보니 열심히 달리는 친구들을 보고는 뒤늦게 '아차' 싶더래요. 움츠러들기도 했지만 그래도 자신도 다른 친구들처럼 변하고 싶었답니다.

그때부터 동백이는 최선의 노력을 해나가기 시작합니다. 저는 오랜 시간 많은 학생들을 지도했지만 온몸에서 독기가 뿜어져 나오는 아이는 동백이가 처음이었어요. 한번은 자습 지도를 하다가 동백이를 보고 놀랐는데 안경 양쪽 모서리에 손바닥만 한 골판지를 끼워놨더라고요. 이건 누가 봐도 눈에 띄는 모습이잖아요.

그래서 "그건 뭐야?" 하고 물으니 시야에 다른 게 들어오는 게 싫어 끼워넣은 거라고 하더라고요. 시야를 차단하려고 골판지로 양옆을 막은 거예요. 계속 그 모습으로 있을 거냐고 물어봤어요. 그러자 "네, 공부하는 시간만큼은 철저히 저와 눈앞의 공부, 딱 둘만 있어야 해요."라고 대답하더라고요. 순간 감이 왔죠. '너 되겠구나.' 하고요.

또 전교생이 기숙사에서 생활하던 학교라 일괄적인 소등시간이 있었어요. 소등시간 이후에는 아무리 공부를 하고 싶어도 못하는 거죠. 그런데 동백이는 자기 실력이 부족하다는 사실을 잘 알고 있었어요. 그 갈증을 해결하려면 새벽까지 벌컥벌컥 공부를 들이마셔야 하는데 불이 꺼지는 게 싫었답니다. 그래서 책을 들고 복도에 있는 센서등 밑에서 공부를 했대요. 공부하다가 불이 꺼지면 허공에 손을 저어가며 한 거죠. 그렇게 '최선'을 다해 '열심'히 본인을 태우던 동백이는 비약적으로 성적이 올랐고 결국 원하는 대학에 합격했습니다.

우리는 공부의 민족이에요

"저도 독하게 공부해봤는데 금방 지치던데요?"라고 하는 분들 많을 거예요. 맞아요. 고생하는 건데 당연히 힘들죠. 위인전기를 읽을 때는 "열심히 해서 성공했답니다."라며 끝나니 간단해 보이지만 실제 그 과정을 겪어내기란 결코 쉬운 얘기가 아니에요.

프랑스의 낭만파 시인이자 소설가인 빅토르 위고는 《레미제라블》과 《노틀담의 꼽추》 같은 걸작을 남긴 작가예요. 이런 대소설가도 종종 슬럼프가 찾아왔나 봐요. 글을 쓰는 것에 지치고 글 쓰는 것이 지겨울 때마다 그는 하인에게 옷을 벗어주고는 날이 저물면 다시 돌려달라고 했대요. 옷이 없으면 바깥에 나가지 못하니 온종일 글만 써야 하잖아요.

그렇게 해서라도 나태함에서 벗어나고자 자구책을 쓴 거예요. 세계적인 거장도 그렇게까지 하는데 지극히 평범한 우리들은 오죽할까요. 공부를 해도 뜻대로 결과가 나오지 않을 때, 또 놀고 싶은 충동이 일 때마다 공부를 확 놔버리고 싶을 거예요.

하지만 모든 결실에는 그만큼의 값어치가 매겨져 있습니다. 우리가 공부를 열심히 해야 하는 이유는 시험에서 '대박'을 치기 위해서가 아니에요. 노력한 만큼의 합당한 가치를 인정받아 온전한 자신의 역사를 써 내려가기 위해서입니다.

공부를 '나의 운명'으로 만드는 순간

제가 유튜브에 종종 올리는 영상 중 하나가 '스터디위드미(Study with me)'인데요. 유튜브에는 혼공(혼자 공부) 하는 분들의 영상, 의지를 다지자는 취지의 영상들이 차고 넘쳐나요. 늦은 나이의 분들이 그 채널들을 보며 "이제야 ○○ 공부에 뛰어들어요."라고 댓글을 남기는 것을 볼 때마다 한국인들은 '공부의 민족이구나.' 하는 생각이 듭니다. 공부만이 살길이란 생각이 핏속에 흐르는 게 우리 한국인들이에요.

'어른들의 수능'이라고 불리는 공인중개사 공부도 하루에 8시간씩 2년은 해야 붙을 수 있을 정도로 난이도가 높은 공부라면서요. 그런데도 낮에는 직장에 다니면서 저녁이나 주말에 인터넷 강의를 들으러 어딘가로 향하잖아요.

이처럼 공부를 피할 수 없다면 아예 공부와 맞장 뜨는 시간을 운명으로 만들어버리는 건 어떨까요. 운명이란 게 뭐예요. 아무리 발버둥 쳐도 피할 수 없는 거잖아요. 여러분에게 찾아온 그 공부를 '나의 운명'이라 생각하고 동백이가 한 것처럼 안경에 골판지를 끼워가며 집중해보는 거예요.

'빡세게' 공부한 흔적을 인생에 남기는 것과

그렇지 못하는 것 사이에는 엄청난 차이가 존재합니다.

이 흔적을 한번 새겨넣잖아요. 그럼 타인의 평판에 의해 좌지우지되거나 멘탈이 털리는 일이 잘 없게 돼요. 인생을 위해 모든 것을 걸어본 공부잖아요. 난 이걸 해본 사람이에요. 마음만 먹으면 해낼 수 있다는 자신감이 엄연히 '진실'로서 나의 역사에 새겨지고 나면 그 후로 자신감은 자동으로 따라와요. 이런 사람은 웬만한 일이 아니고서는 중심이 크게 흔들리지 않습니다.

나이 뒤에 숨지 마세요

"동백이는 한창 공부해야 할 10대 때 한 거고, 늦은 나이에 해서 뭐해요?"라며 나이를 들먹이는 분이 가끔 있는데 왜 나이를 여기에 갖다 붙이세요. 나이를 먹어도 밥 먹고, 씻고, 회사 다니고 다 하잖아요. 공부도 마찬가지예요. 이

제 '나이'는 구시대적 기준이에요. 어떤 사람과 처음 만나도 나이에 대해 별로 묻지도 않고 궁금해하지도 않는 문화로 바뀌고 있잖아요.

관심사 위주로 뭉치고 흩어지다 보니 요즘은 그 관심사를 얼마나 공부하고 나눌 수 있느냐가 더 중요해진 시대예요. 전 여러분이 나이 뒤에 숨어 은신하기보다 늘 배워서 지금 시대에 맞는 '지적 연령'으로 살아갔으면 좋겠어요. 그런 의미에서 공부의 의미를 조금 확대해볼까요.

세계사 강의를 할 때 제일 먼저 이집트 문명과 메소포타미아 문명을 비교하는 것부터 하는데요. 특히 이집트의 나일강 이야기는 빼놓지 않고 전하는 편이에요. 우리나라가 한강을 중심으로 패권 다툼이 일어난 것처럼 이집트는 나일강이 그 중심에 있었어요. 어느 곳이든 강을 중심으로 문명이 형성되니까요.

그런데 나일강에서는 정기적으로 범람이 일어났어요. 범람이라고 하면 쓸어버리는 것이니 안 좋기만 할 것 같지만, 특이하게도 이집트인들에게 나일강의 정기적인 범람은 신의 축복이었어요. 땅이 회복하려면 좋은 영양가가 있어야 하는데 나일강 밑바닥에는 이런 것들이 잔뜩 있었거든요. 그러니 어때요. 강이 넘칠 때마다 육지가 비옥해졌겠죠. 당연히 이집트인들은 풍요로운 삶을 살 수밖에 없었어요.

강의 범람으로 인해 지력(地力)이 상승하는 연결고리를 보면서 공부와 인생도 이런 연결고리가 있는 게 아닌가 생각했어요. 범람과 지력처럼 자신에게 찾아온 공부를 '빡세게' 한 경험이야말로 '나머지 인생'의 힘을 높여주는 게 아닐까 한 거죠.

여러분, 공부의 민족으로 태어났으면 적어도 한 번은 이런 공부의 역사를 가져보고 죽어야 하지 않겠어요. 그럼 다른 건 몰라도 자기 신뢰의 힘을 얻을 테고, 미래 먹거리나 노후 걱정은 덜 하면서 살 수 있을 테니까요.

후천적인 성공 DNA를 만들어봐요

나태해지지 말고 '최선'을 다해 '열심'히 노력하는 걸 강조하는 이유가 있어요. 많은 사람들이 학창 시절에 공부를 하다가 잘 안 되면 유전자 탓을 하잖아요? DNA부터 잘 못됐다는 거죠. DNA의 속성은 선천적인 겁니다. 그런데 딱 하나, 성공 DNA는 후천적으로 획득할 수 있습니다. 성공 DNA를 갖게 되면 어떤 일에 도전하더라도 무조건 성공하게 됩니다. 예를 들어 로스쿨 입학에 도전해도 합격하고, 원하던 회사로 이직도 하고, 사업을 벌이면 대박이 나는 거예요. 그렇다면 이 성공 DNA를 어떻게 하면 가질 수 있을까요?

단 한 번이라도 독기를 가지고 결실을 일궈내면 생깁니다. 성공 DNA가 있는 사람들은 한결같이 이렇게 말합니다. '이렇게 하면 되겠다!' 하는 감이 왔다고요. 그 감이 말도 안 되는 허세가 아니라 자신의 노력으로 획득한 성공 DNA가 알려주는 거죠. 독기를 품고, 내가 할 수 있는 최고 중의 최고의 노력을 기울이면 성공할 수 있다고요.

이런 성공의 경험이 축적된 후에는 항상 이기는 싸움만 하게 됩니다. 실제로 무엇을 하더라도 어떻게 해야 할지가 보이거든요.

성공할까 실패할까, 두려운 것이 아니라

무조건 된다는 감이 오는 거죠.

그게 바로 자신이 후천적으로 획득한 성공 DNA라는 거예요.

그러니 여러분, 공부를 할 때 이 순간만 어떻게든 벗어나자는 안이한 생각으로 하지 말고, 완전히 몰입해서 해보세요. 독기를 품고 하고자 하는 걸 이뤄보세요. 성취의 쾌감, 성공의 경험이 축적되는 순간 여러분에게도 빛나는 성공 DNA가 새겨집니다.

일단 시작하는 것도 재능입니다

＊

그거 아세요? 10대 때는 물론 20대, 30대에도 우리는 수포자의 흔적에서 벗어나지 못한다는 사실을요. 분명 수능을 치르고 나면 수학의 덫에서 벗어나야 하는 거잖아요. 그래야만 하는 거잖아요.

그런데 제가 방금 뭐라고 했어요. 수포자가 아니라 '수포자의 흔적'이라고 했어요. 수학은 떠나고 없지만 그 흔적은 곁에 남아서 우리가 해내기 어려운 무언가를 맞닥뜨렸을 때 쉽게 포기하게끔 힘을 발휘해요.

포기와 실패의 차이

수학의 자리에 토익 성적이, 연애나 결혼과 같은 관계의 문제가 자리를 잡기 시작하는 거예요. 과목만 달라질 뿐 '포기하는 삶'이 이어지는 것에는 변함이 없어요. 저는 힘주어 말하고 싶습니다. "차라리 실패해. 포기하는 것보다 나아."라고요.

포기와 실패를 비슷한 선상에서 이해하는 분들이 많은데 이 둘은 전혀 다른 개념이에요. 포기가 아예 출발선 앞에 서보지도 못하거나 조금 해보다가 안 될 것 같을 때 손을 떼는 거라면, 실패는 출발선과 완주선을 통과는 했으나 원하는 결과가 나오지 않은 상태예요.

보통 실패를 안 좋게만 보는데 전 생각이 달라요. 적어도

실패는 뜨겁거든요. 실패는 했지만, 특정 과제에 대해 처음부터 끝까지 경험한 사람들은 과정의 뜨거움을 알게 됩니다.

그냥 보기에는 쉽게 포기하는 사람들이 쿨해 보일 거예요. 심드렁하게 그들이 내뱉는 말들, "어차피 안 될 건데 뭐 하러 끝까지 가?" 하는 말이 현실적이고 날카로워 보이죠. 그런데 이거 그냥 쿨한 척일 뿐이에요. 실패할지라도 끝까지 달려볼 자신이, 뜨거워질 용기가 없는 거잖아요. 끝까지 해보는 과정의 뜨거움, 이것이 있는 것과 없는 것은 완전히 다른 삶이에요. 또 '완주의 관점'에서 보면 실패는 성공을 한 것과 다름이 없습니다.

나는 못하더라도
뇌는 할 수 있습니다

포기가 습관이 되면 마땅히 내 것인 기회 앞에서조차 망설이게 됩니다. 그 기회는 고스란히 다른 사람의 것이 되죠. 그럼 나는 늘 '0'의 값만 갖게 돼요. 이 상태에서는 0에

다 100을 곱해도 0이 되듯 아무것도 쌓이지 않게 되죠.

일단 시작이라도 해서 '어떻게든 1'을 만드는 것이 중요합니다. 1에다 10을 곱하면 10이 만들어지고 100을 곱하면 100이 만들어지잖아요. 성과가 붙는 속도는 얼마나 빨리 0에서 1로 전환하느냐에 따라 달라진다는 점 명심해주세요.

여러분이 달리기 시작하는 순간, 각 구간마다 느껴지는 게 다를 거예요. 출발선 앞에 서면 운동장 전체가 한눈에 들어올 거고요. 달리는 와중엔 '처음에만 두렵고 막상 달리니 괜찮네.' 싶을 거고요. 완주선에 도착했을 땐 '끝까지 경험해봤으니 됐어.' 할 겁니다.

이건 직접 해봐야만 깨달을 수 있어요. 만약 자신이 지나치게 신중해 시작 타이밍을 놓치거나 포기만 하는 것 같으면 순서를 바꿔볼 것을 제안합니다.

철저하게 준비한 다음 뛰어드는 것이 아닌, 먼저 저지르고 나중에 수습하는 순서로 바꿔보는 거예요. 이렇게 되면 '보상과 시작의 뇌'라고 불리는 뇌의 측좌핵(nucleus accumbens)이 활성화가 되면서 '최초의 1'을 만들어냅니다. 무턱대고 저지른 일에 대한 집중력이 높아지면서 어떻게든 틈을 메우고, 잘 매듭을 짓기 위해 뇌의 신경세포들을 열심히 일하도록 만드는 원리라고 이해하면 될 거예요.

100미터 달리기를 떠올리면 이해하기가 쉬울 거예요. 처음에는 죽어도 뛰기 싫다가도 막상 출발하면 어떻게든 완주를 해내잖아요. 시작이나 실행도 마찬가지예요. 그래서 측좌핵을 일컬어 "일단 시작만 해. 그 시작과 어울리는 집중과 보상 체계는 알아서 만들 테니."의 준말인 '시작의 뇌'라고 부르는 겁니다.

어떤 일에 도전하고 책임을 져야 할 때

'나'는 믿음이 안 가더라도 '뇌'는 믿어보세요.

시작의 뇌가 나를 이끌어줄 거예요.

조건만 좋은 미니 연산군이 되고 싶으세요

역사 속에서도 이런 예는 쉽게 발견할 수 있는데요. 세종대왕과 연산군이 대표적인 예에 해당합니다.

태종 이방원은 즉위하고 나서 엄청난 리더십을 발휘해요. 정통성 없이 즉위한 탓에 자식에게만큼은 콤플렉스를 물려주고 싶지 않았기 때문인데요. 그래서 택한 방법이 정실부인의 장남인 양녕을 일찌감치 왕세자로 책봉하는 거였어요.

하지만 양녕은 어땠어요. 정통성을 살려주고자 자신에게 힘을 실어준 아버지의 의중은 아랑곳하지 않고, 왕의 자질을 보여주지 않은 채 '망나니 세자'로 찍히고 맙니다. 태종은 어쩔 수 없이 양녕을 폐위시키고 가장 뛰어난 셋째인 충녕대군을 세자로 책봉합니다. 충녕은 갑자기 세자가 된 것도 모자라 52일 만에 왕위에 올라 조선 역사상 최단기간 왕세자 교육을 받고 왕위에 오르는 임금이 됩니다.

왕이 되니 마냥 좋았을까요. 몹시 당황스러우면서도 두려웠을 거예요. 가장 준비되지 않은 왕, 충녕대군이 바로 광화문 광장에 가면 만나볼 수 있는 세종대왕입니다.

동시에 이분은 어떤 분이에요. '창조의 뇌'인 전두엽은 물론 '시작의 뇌'인 측좌핵 역시 뛰어난 전천후 전뇌형 임금이에요. 이분이 얼마나 다양한 분야에서 성과를 냈는지는 굳이 열거하지 않아도 알 거예요. 분야를 막론하고 무엇이든 시작하는 것에 어떤 망설임도 보이지 않았어요.

평소에도 저는 '조건이 중요하지만 조건이 다가 아니다.'라는 신조를 갖고 있는데요. 세종대왕을 보면서 더욱 확신하게 됐습니다. 이분은 아무 준비 없이 왕위에 올랐음에도 성군으로 올라선 반면, 연산군은 정실부인의 장남이라는 정통성까지 가지고 있음은 물론 세자 교육을 무려 12년이나 받았어요. 조건으로 치면 조선의 왕들 중 단연 최고일 거예요. 그런데 어떻게 됐어요. 말 그대로 조건만 좋은 왕으로만 남았어요.

역사는 반복된다는 말이 있죠. 세종대왕과 연산군의 예는 우리 주변에서 쉽게 찾아볼 수 있습니다. 금수저로 태어나 돈 걱정 없이 자랐지만 집안의 기대에 못 미친다는 꼬리표 탓에 방황만 하는 경우, 반대로 넉넉하지 못한 환경에서 자랐지만 자신의 길을 닦는 경우도 있죠. 전자는 뭐예요. 조건만 좋은 '미니 연산군'이에요. 저는 여러분이 조건이 미약하더라도 자신의 것을 만들어 사회에 기여하는 '미니 세종대왕'이 되었으면 좋겠습니다.

생각을 행동으로 바꿔주는
청크 다운 전략

미니 세종대왕이 되려면 무엇을 해야 할까요. 시작, 실행, 저지르기와 관련된 주제가 나왔으니 이것도 알아보면 좋을 것 같아요.

시작이나 실행을 이야기할 때 따라붙는 전략이 '청크 업(chunk up)', '청크 다운(chunk down)'이에요. 청크는 본래 덩어리라는 의미로 여기에 업(up)과 다운(down)을 붙이면 그 의미는 완전히 달라집니다.

먼저 청크 업은 아주 크고 넓은 개념을 이야기해요. 예를 들어 '나는 누구인가.', '왜 일하는가.', '인생 계획은 무엇인가.'처럼 보편적인 상위 개념이죠. 이와 반대로 청크 다운은 개별적이면서 아주 작은 개념이에요. 등산을 하기 위해서는 '산행할 장소를 정한다.', '배낭을 꾸린다.', '등산 코스에 맞는 준비 운동을 한다.'와 같이 행동으로 옮기면 좋을, 잘게 부서진 조각들이죠.

만약 어떤 것부터 시작해야 할지 모른다면 청크 업, 즉 상위 개념에만 머물러 있는 것은 아닌지 점검할 필요가 있습니다. 큰 과제를 정하는 것도 의미가 있지만, 그 과제가 현실이 되기 위해서는 청크 다운이 따라주는 것이 훨씬 중요하기 때문이에요.

세종대왕도 태어날 때부터 성군이었나요. 영특했을지는 몰라도 한 단계, 한 단계를 밟지 않았다면 성군까지는 못 되었을 거예요. 차근차근 쌓아온 결과로서 성군의 반열에 오를 수 있었던 거죠.

그렇다고 한다면 우리도 각 단계마다 주어진 과제를 실행에 옮기는 것부터 해보는 것은 어떨까요. 뭐 성군까지는 아니어도 내가 시도하고 노력한 것에 준하는 결과는 얻을 수 있지 않을까요. 이게 앞에서 강조한 0을 1로 전환하는 방법이기도 하고요.

조금 피부에 와닿게 전하면 몇 년씩 매달려야만 합격하는 시험에 붙은 사람에겐 그 공부에 필요한 책의 첫 페이지가 있었을 것이고, 산 정상에 오르는 일 역시 그곳으로 향하는 '첫걸음'이 없었다면 '정상에 다다르는 총 걸음 수' 또한 만들어지지 않았을 거예요.

여러분을 성장시키는 값은 먼 미래에나 만나볼 수 있는 100이 아니라 첫걸음을 뗄 때 매겨지는 1이라는 사실을 기억해주세요.

완벽주의는
아무것도 하지 않겠다는 결심이에요

*

"해야 할 일을 덩어리로만 두지 말고, 잘게 부수어서 1번부터 해."라고 하면 "쌤, 그게 안 돼서 문제예요."라며 울상을 짓는 분들 많을 거예요.

- 책상에 앉아 책의 첫 페이지를 펼치는 일
- 등산 계획을 짜고 첫걸음을 떼는 일
- 요리를 하기 위해 재료 손질을 하는 일
- 운동을 하려고 운동화 끈을 매는 일
- 입사지원서의 첫 문장을 쓰는 일

이런 것들이 쉬워 보이지만 막상 하려고 하면 '하기 싫어. 어서 손과 다리를 집어치우지 못해.'라며 마음이 몸을 밀어내기 일쑤죠. 여기에는 여러 이유가 있겠지만 완벽주의도 무시할 수 없는 이유가 아닐까 하고 추측을 해봅니다.

한때나마 완벽주의자로 산 장본인으로서 그 실체에 대해 전하자면요. 완벽주의는 한 걸음, 한 걸음 내딛는 데에 엄청난 부담과 공이 실리게 만드는 '시작의 적수'예요. 대부분 이 중심에는 자신에 대한 높은 기대가 버티고 있는 경우가 많습니다.

비현실적인 목표를 잡는 완벽주의의 덫

이상과 기대가 높으면 좋은 게 아니냐고요. 글쎄요. 진짜 그럴까요. 왜 이게 문제가 되는지 말씀드릴게요. 현재의 나는 A라는 과제를 해야 해요. 그런데 이 과제와 상관없이 내가 갖고 싶은 성과, 내가 나에게 거는 기대, 타인에게 증명하고 싶은 결과의 높이에 맞추어 과제를 대하게 됩니다. 이렇게 되면 몸과 마음이 어떻게 되겠어요. 저 많은 것들을 충족시켜야 한다는 압박감 때문에 한 걸음, 한 걸음에 엄청난 무게가 실릴 수밖에 없어요. 몸이 경직되면서 '됐다. 잠이나 자자.'라며 소파나 침대 안으로 숨게 되는 거예요. 이들을 '게으른 완벽주의자'라고 합니다. 완벽하지 못할 바에는 시작조차 하지 않는 거죠.

여기에서 잠시 셀프 체크를 해볼까요. 스스로에게 다음 질문을 던져 자신의 성향을 파악해보세요.

무게의 추가 해결해야 할 과제에 있나요?

아니면 그 과제를 실현한 '멋진 나'에만 가 있나요?

고백하면 저도 완벽주의의 덫에 걸려 허우적대던 시절이 있었습니다. 대학교 2, 3학년 때가 절정이었던 것 같아요. 장학금을 타야 했기 때문에 수능을 준비하던 때보다 더 잘하지 않으면 안 됐거든요.

'너 이번에 1등 못하면 알지?', '왜 꼼꼼하게 정리를 안하는 거야?', '역사적 사실을 왜 이런 관점으로만 해석하는 건데?'라며 저를 벼랑 끝으로 몰아세웠어요. 누가 지금의 저더러 그때처럼 하라고 하면 못해낼 만큼 나에게 거는 기대치, 타인이 내게 거는 기대치를 가상으로 잡은 다음, 계속해서 그 적과 싸웠어요.

나중에 교육학 공부를 하면서 이를 각각 신경증적 완벽주의와 사회부과적 완벽주의라고 부른다는 사실을 알게 되었습니다.

- 자신에 거는 기대가 높아 비현실적인 목표에 매달리는 신경증적 완벽주의(neurotic perfectionism)
- 타인이 자신에게 높은 기대와 엄격한 평가를 할 거라 지각하고, 타인의 기댓값에 매달리는 사회부과적 완벽주의(socially prescribed perfectionism)

특히 이 둘은 한꺼번에 오는 경우가 많아요. 대체로 요즘 친구들은 집안의 기대나 전폭적인 지원을 받고 자라는 경우가 많잖아요. 전반적으로 (말은 아니라고 하지만) 자신에 대한 기대치가 높고, 타인이 자신에게 거는 기대에 대해서도 의식을 많이 할 수밖에 없는 환경입니다.

여기에 더해져 SNS의 영향도 무시할 수가 없어요. 인스타에 전시된 상향 평준화된 성과를 평균으로 인식하는 문화도 완벽주의에 힘을 실리게 만들지요. '이 정도는 해내야 하는구나.', '댓글을 보니 내가 붙을 거라고 생각하네.'라며 스스로를 완벽주의 쪽으로 몰아세우게 되는 거죠.

이럴 때 저는 세 가지 방법을 제안합니다.

SNS 오프 데이와
중간 레벨의 목표 도전하기

첫째, 합격 발표일이 있기 며칠 전처럼 예민해지기 쉬울 때는 SNS를 멀리해주세요. 이른바 'SNS 오프 데이(off day)'입니다. 아무리 신경을 안 쓴다고 해도 말처럼 쉬운 일이 아닙니다. 적어도 사회부과적 완벽주의를 의식하는 환경에서만큼은 자유로워지는 것이 좋습니다. 적어도 SNS에 접속하지 않으면 내 성과를 타인에게 평가받을 것까지 미리 걱정하지 않아도 되잖아요.

내가 나에 대해 거는 기대는 어떻게 못하더라도, 다른 사람이 나에게 거는 기대는 환경을 바꿔주는 방법으로 조정이 가능해요. 둘 중 하나에서라도 벗어나야 조금은 숨통이 트이게 될 거예요.

둘째는 중간 정도의 난이도를 가진 목표를 발굴하여 기록으로 남기는 것입니다. 이 방법은 자신에 대한 높은 기대치를 현실적으로 재조정하는 데 도움이 됩니다.

단, 여기에서 오해하면 안 되는 게 실현 가능한 목표가 중요하다고 해서 아주 쉬운 과제를 선택하라는 의미는 아니에요. 이보다는 현재 자신의 수준보다 1~2레벨 높은 4~5레벨의 목표를 잡는 것이 좋아요. 중간 레벨의 목표를 고민하여 기록으로 남기는 습관을 다져놓잖아요. 그러면 많은 이들이 힘들어하는 '선택의 힘'을 기르는 효과가 따라옵니다.

우리가 선택을 힘들어하는 이유가 뭔가요. 막막하기 때문이잖아요. 기존에 있는 것 중에서 고르는 객관식형 선택, 즉 옵션이 마련된 선택은 그런대로 괜찮아요. 있는 것

중에서 고르면 되니까요. 반면 아무것도 주어지지 않은 즉, 보기를 마련하는 것부터 시작해야 하는 주관식형 선택은 다들 멘붕(멘탈 붕괴)이에요.

이같이 선택에 필요한 옵션 마련과 중간 레벨의 목표를 정하는 과정이 거의 동일선상에서 이루어진다고 보면 됩니다.

- 영어 공부 : 처음부터 토플이나 테솔 자격증 취득에 도전하기보다 토익 600~700점 받기를 목표로 잡아보세요. 여기에서 토익 시험이 중간 레벨의 목표이자 현재 자신이 선택해야 할 스펙의 종류예요.

- 등산 계획 : 동네 뒷산을 올랐다면 한라산이나 설악산 등반을 계획하기보다 청계산, 남한산성 중에서도 초보자 코스를 알아보세요. 이게 중간 레벨의 목표이자 여러분이 선택해야 할 차기 목적지예요.

단, 여기에서 끝내기보다 여유분의 도전 횟수도 계획 안에 포함시키는 것이 좋습니다. 완벽주의 덫을 성공적인 순항을 위한 돛으로 전환하기 위해서는 '실패할 권리'를 마음껏 허용해야 합니다.

늘 궁금했는데요. 여러분은 무슨 계획을 세우라고 하면 기회를 왜 한 번만 주세요? 우리는 저마다 어떤 일에 대해서는 초보자예요. 그럼 두 번, 세 번 심지어 열 번의 기회를 줘야 하는 것 아닌가요. 한 번만 기회를 주니 완벽한 세팅에만 힘을 쏟게 되는 거예요. 신이 아니고서야 어떻게 한두 번 만에 성공할 수 있겠어요.

중간 레벨의 목표에 대해 더 얘기해볼게요. 가상으로 청계산 초보 코스에 도전한다고 해봅시다.

- 청계산 초보 코스 도전
- 세 번의 기회

한두 번은 산의 중턱까지만 오르고 힘들면 그냥 내려오세요. 이건 실패가 아니에요. 아직 기회가 남아 있잖아요. 첫 도전에서 원하는 만큼 오르지 못하더라도 '도전 종료 =

실패로 마무리'가 아닌 '세 번 중 한 번 실패했네. 두 번의 기회가 더 남아 있어.'라는 꽤 괜찮은 결과와 만나는 것이 중요해요. 다음 기회를 통해 만회하면 되니까요.

특히 여러 번의 도전이 중요한 이유가 있는데요. '지난번에는 초반에 너무 달려서 금방 지쳤었지.', '경사가 생각보다 심하던데 등산스틱 하나 챙겨서 가야겠다.'와 같이 이전 실패에서 얻은 교훈을 성공으로 향하는 돌다리로 활용할 수 있기 때문이에요. 저는 이것을 두고 '창조적인 오류의 문화'라고 표현하는데 이것이 완벽주의에서 벗어나는 세 번째 방법이에요.

나만의 '오류 문화' 만들기

프랑스의 철학자 샤를 페팽의 《실패의 미덕》을 보면요. "우리는 오류의 문화가 발전하지 않았기 때문에 실패한 것을 실패자가 된 것과 혼동한다. 실패를 절대화하고 본질로 여긴다."라는 구절이 나옵니다. 전 여기에서 '오류의 문화'

라는 표현에서 눈이 딱 멈추더라고요.

한 번 실패했을 뿐인데 다시는 그쪽 세계로 발조차 들여서는 안 되는 것처럼 간주하면 누구라도 몸을 사리게 되고, 완벽주의의 덫에 갇힐 수밖에 없어요. 특히 한국처럼 1등만 지향하고, 실패에 대해 엄격한 문화에서는 더더욱 그렇지요.

그저 한 번 시도했을 뿐인데 마치 해서는 안 될 실패를 한 것처럼 다들 무겁게만 대하잖아요. 지금 당장 이런 문화나 사회구조를 바꿀 수는 없을 거예요. 하지만 자신의 세계관은 얼마든지 바꿀 수 있잖아요. 그럼 이거라도 해야죠.

- 나는 무엇을 시도할 때 한두 번의 기회를 더 주겠다.
- 실패의 다른 이름은 시작이다.
- 실패한 것과 실패자가 된 것은 다르다.
- 완벽주의는 시작조차 하지 않겠다는 나쁜 결심이다.
- 인스타에 전시된 타인의 성공보다 오프라인에서 경험한 나의 실패가 훨씬 더 값지다.

여러분 스스로 이런 식의 오류의 문화를 목록으로 만들어주세요. 완벽주의의 덫에서 자유로워지도록 도와주는, 든든한 장치가 되어줄 겁니다.

무엇보다 오류의 문화가 성숙하면 성숙할수록 여러분의 인생에 다채로운 경험이 담기는 것은 물론, 주위에 좋은 사람들이 붐비는 이점까지 누리게 됩니다.

왜냐고요. 자신의 실패와 오류에 관대해질 때 우리는 타인의 실패에 대해서도 넉넉해질 수 있기 때문이에요. 이 큰일을 해내는 꽃 같은 당신 곁에 나비와 벌들이 날아드는 것은 자연의 섭리랍니다.

일생보다 일상이에요

*

"성공하기 위해서는 어떻게 살아야 할까요?"

제가 자주 받는 질문 중 하나입니다. 이 질문을 받을 때마다 어떤 대답을 드려야 할까 고심하게 되는데요. 흔한 질문이지만 뾰족한 대답을 내놓기가 어려운 질문이에요.

성공의 비결은

일상 속에 있는 것이므로

그런데요. 제가 이 질문을 받기 시작한 지 10년 차가 되어서야 답을 낼 수 있었습니다. 바로 이것입니다.

일생보다 일상이다.

다들 성공을 대단한 유명세를 얻거나 또는 천문학적인 돈을 버는 거라 생각합니다. 유명세까지는 아니어도 돈 걱정 없이 풍족하게 사는 것이 한국 사람들이 생각하는 성공의 개념일 거예요. 만약 그렇다면 여러분은 '일상'을 아주 무겁게 생각해야 해요. 매일 아침 우리가 눈뜨고 맞이하는 '일상'은 그냥 주어진 게 아니기 때문이에요.

저는 웹툰을 굉장히 좋아해요. 매주에 한 편씩 무료로 공개되는 걸 보는데 종종 뒷이야기가 너무 궁금해서 유료로 결제해서 미리 다음 편을 보곤 합니다. 그러다 참 신기한 경험을 했어요. 한번은 웹툰을 제공하는 사이트에서 이벤트로 무료 캐시를 준 거예요. 공짜로 본다고 생각하니 일단 웹툰 '선택'에 신중함이 덜해지더라고요. 재미가 없어도 공짜로 다른 것을 보면 되니까요. 그리고 대충 보게 되더라고요. 유료로 결제했을 때는 한 편, 한 편이 소중해서 보고 또 보곤 했거든요. 이게 치러야 할 대가가 있을 때와 없을 때의 차이구나 싶었죠.

그런데 우리는 이런 대가에 대해 아주 큰 착각을 하나 하고 있어요. 우리가 보내는 하루하루, 즉 일상은 인생을 만드는 아주 귀중한 시간인데도 마치 공짜로 볼 수 있는 웹툰처럼 흘려보내고 있잖아요. 생각해보니 그렇더라고요.

인생이 어느 날 갑자기 '짜잔' 하고 만들어지는 게 아니잖아요. 오늘의 총합, 일상의 누적분이 인생인 건데 왜 '일상'은 대충 보내면서 '인생'이 달라지길 기대하는 걸까요. 일상은 사실 무료로 주어진 게 아니라 자신의 인생을 걸고 보내는 아주 무거운 시간인데 말이에요.

영국의 자기계발 전문가 존 맥스웰도 여기에 대해 이렇게 말했어요.

"매일 하는 일을 바꾸지 않는 한 당신의 인생은 결코 바뀌지 않는다. 성공의 비결은 당신의 일상 속에 있는 것이므로."

그러니 성공과 짝을 이루는 시간 단위를 일상, 오늘, 하루라는 낱개의 시간으로 정해주세요. 이것이 제가 생각해낸 성공의 제1의 원칙입니다.

매일매일 자신의 일정과 만나보세요

그럼 어떻게 하는 것이 일상을 의미 있게 보내는 방법일까요? 대단한 업적을 이뤄야 할까요? 당연히 아니에요. 자신의 하루를 계획표에 담는 것부터 시작해보세요. 지금 우리의 목적은 인생보다 일상을 낚아채는 거잖아요. 하루를 의미 있게 보내는 방법으로 기록만 한 것이 없습니다.

매일매일 작성하는 게 기본이에요. 일일 계획은 전날에 작성하는 것이 좋은데요. 여러분이 보기에 편하도록 제 것을 샘플로 가지고 와봤습니다. 얼핏 보면 "뭐 다를 게 없네. 흔하게 보던 계획표랑 똑같네."라고 하겠지만 잘 보시면 몇 가지 차이점이 눈에 들어올 거예요.

먼저 랭크가 뭔지 궁금하지 않으세요? 다른 항목은 대충 보면 알겠는데 왜 랭크를 달아놨는지 감이 오지 않을 수도 있어요. 저는 하루에 여러 종류의 일을 해야 하기에 일정을 분류합니다. A랭크, B랭크, C랭크로 분류표를 달아두면 일정의 성격과 중요도를 한 번에 알아볼 수 있어

이다지의 스케줄표

해야 할 일			하루 일정		
달성	랭크	해야 할 일		시간	Do List
○	A	세계사 3주 차 문제 풀이	오전	6:00~7:00	조깅, Q&A 게시판 관리
○	A	모의고사 문항 개발		7:00~7:30	이동
X	B	의자와 조명 결정		7:30~9:00	메이크업
				9:00~11:00	작년 강의 6·7강 모니터
				11:00~12:00	작년 강의 8·9강 모니터
			오후	12:00~13:00	식사
				13:00~14:00	10강 모니터
				14:00~18:00	PPT 준비
				18:00~20:00	세계사 3주 차 촬영
				20:00~20:30	이동 및 휴식
				20:30~24:00	거품 목욕, 취침
아침일기			저녁일기		

좋더라고요.

당연히 A랭크가 그날의 핵심 일정이에요. 각각의 랭크에 맞게 해야 할 일들을 적어두는 것이 좋아요. A랭크에 따라 해야 하는 일들, B랭크에 따라 해야 하는 일들을 적은 다음 다시 오전, 오후로 나누어 일정을 기록해요. 이걸 기본으로 두고 계획을 수립하면 되는데요. 여기에 대해서도 정말 많은 분들이 질문을 해주어서 따로 정리를 해봤습니다. 다음의 질의응답을 참고해주세요.

Q. 계획의 양 : 하루 일정을 몇 개나 계획해야 하나요?

A. 처음 계획을 짜다 보면 뭐부터 적어야 할지 막막할 거예요. 개략적으로 잡아야 하는지, 촘촘하게 잡아야 하는지 고민이 될 텐데요. 제 대답은 이렇습니다. 자신이 할 수 있는 계획의 양이 10이라면 이것보다 '조금' 더 계획을 세워두는 거예요.

사람 심리가 그렇더라고요. 계획을 여유 있게 잡아둔다고 해서 그 계획들을 지켜내느냐 하면, 아닐 거란 말이죠. 그럼 '나는 널널한 계획도 소화를 못하는구나.' 하고 실망하게 되죠. 반면에 10만큼도 겨우 할 수 있는데 목표를 크게 잡는다고 20까지 적어두는 사람도 있어요. 애초에 계획이 잘못되었으니 달성이 될 리가 없잖아요? 매일매일 계획이 실패하는 삶을 살게 되는 겁니다. 이것이 반복되면 사람이 무기력해져요.

이런 일이 없도록 하기 위해서라도 '작은 성공'을 쌓는 게 중요해요. 내가 달성 가능한 정도의 양보다 아주 조금 더 많이 설정하세요. 이것을 해냈을 때의 성취감은 정말 큽니다.

Q. 세밀함의 정도 : 스케줄을 어느 정도로 자세하게 짜야 할까요?

A. 개인마다 조금씩 차이가 있을 거예요. 저는 잘게 시간을 쪼개어 사용합니다. 예를 들어 30분 정도 이동 시간이 있다고 해요. 이때 제가 운전을 하지 않으면 이 30분간 세계사 문제 풀이를 하는 것으로 계획을 집어넣어요.

특히 계획을 짤 때는 이동 시간은 물론 노는 시간까지 넣어두는 것이 좋아요. 모든 일정이 밤 10시쯤 끝났다고 하면 이후의 시간은 휴식 시간이잖아요. 이때 TV 시청을 했다면 이것도 다 집어넣습니다. 노는 시간도 일이나 공부에 집중하는 시간만큼 제대로 대접해주세요.

Q. 매일 해야 하는 일정 : 당장 급하지는 않지만 꾸준히 해야 하는 일정은 어떻게 하세요?

A. 이 질문도 상당히 자주 받아요. 당연히 넣어야 합니다. 제게 이런 일정으로는 운동하기와 Q&A 게시판 관리가 있어요. 특히 게시판 관리는 매일 아침 하루도 빠짐없이 하고 있어요. 온라인으로 학생들을 만나다 보니 게시판에 질문이 많이 달리거든요. 저는 주로 출근하기 전인 6시부터 7시 사이에 이 일정을 소화하고 있는데 이런 활동을 '모닝 루틴'이라 부릅니다. 이렇게 루틴으로 만들어두면 따로 애써서 시간을 내지 않아도 되어 효율적이에요.

Q. 계획 단위 : 계획은 어느 기간으로 짜는 것이 좋을 까요? 하루, 한 달, 1년 등 계획 단위가 궁금합니다.

A. 사람마다 다른데요. 저는 '연 단위 → 월 단위 → 주 단위 → 일 단위'로 분배해서 계획을 세워나가요. 처음 계획을 짜는 분이라면 일 단위로만 하되, 5일 동안 빼놓지 않고 쓰는 것을 목표로 삼으면 좋겠어요. 이것만 달성해도 계획 세우기와의 거리감이 좁혀지거든요.

Q. 처음 공부에 뛰어들 때 : 공무원 시험에 도전하려고 하는데요. 공부하는 데 얼마나 시간이 걸리는지 모를 때는 어떻게 해야 하나요?

A. 이 질문이 나오는 이유는 계획을 세우고 이행하는 훈련이 안 되어 있기 때문이에요. 공부를 하다 보면 한 과목당 얼마나 시간이 걸릴지 윤곽이 잡히기 시작합니다. 이건 본인만이 알 수 있어요. 몇 시간 안에 몇 페이지 정도 집중이 가능한지 체크를 한 다음, 이걸 가지고 분배를 해보는 거예요. 이걸

메타인지라고 합니다. 메타인지란 지식과 양을 조정하는 인지적 능력을 나타내는 교육학 용어예요. 몇 번만 해보면 알 수 있을 거예요.

단, 이때 먹고 자는 시간 등을 제외한 '순수하게 집중만 한 시간의 총량'을 파악하는 것이 중요해요. 10시간이면 10시간, 5시간이면 5시간 절대량을 파악한 후, 그걸 가지고 분배를 해나가면 얼개는 잡을 수 있을 거예요.

Q. 지키지 못한 일정 소거법 : 정말 최선을 다했음에도 지키지 못한 일정이 생기면 그때는 어떻게 하나요?

A. 당연히 그럴 수 있어요. 변수나 변동이 생길 수 있습니다. 이건 우리가 어떻게 못하는 거예요. 하지만 그럼에도 지키지 못했을 때의 원칙은 정해두는 것이 좋아요. 저 같은 경우에는 반드시 평가의 시간을 가집니다. 스케줄표를 작성하는 이유가 계획을 세우는 것이 아닌 '지키는 것'에 있기 때문이에요. 지키기 위해서는 어느 정도의 강제성은 필요합니다.

공부를 '나의 운명'으로 만드는 순간

저는 일과를 마치고 집에 들어오면 스케줄표를 펼치고 체크하기 시작해요. 지킨 일정은 빨간색으로 표기하고요. 지키지 못한 일정은 파란색으로 표기해요. 이 파란색 계획을 소화하기 위해 따로 하루를 비워둡니다. 저는 밀린 일정을 주말에 소화하는 편인데, 이렇게 밀리는 게 싫고 주말에는 쉬고 싶은 분들은 다른 날에 소화를 해도 무방합니다.

'작은' 나도 '크게' 사랑하게 만드는 힘,
일기

＊

앞에서 일상을 알차게 보내는 방법으로 스케줄표를 활용하는 법에 대해 알아보았습니다. 이어서 이 장에서는 일기에 대해 얘기해볼까 해요.

일기의 개념을 바꿔보세요

이다지의 스케줄표 아래쪽을 보면 일기 칸이 눈에 들어올 거예요. 아침일기와 저녁일기가 보이지요? 사실 일기가 하나 더 있습니다. 월요일일기입니다. 저는 아침일기, 저녁일기, 월요일일기로 나눠서 일기를 쓰고 있어요. 지금부터

후천적인 성공 DNA 만들기

제가 쓰는 일기 활용법에 대해 알려드릴게요.

일기는 의미는 담되,

부담이 없어야 하는 것이 핵심이에요.

일기라고 하면 본격적으로 무언가를 적어야 한다고 여기는데 그렇게 되면 부담이 되어 쓰기가 싫어집니다. 부담을 갖는 순간 이순신 장군의 '난중일기'도 아닌, 아무개의 '나중(에 써도 되는)일기'로 변질될 수 있어요.

절대 일기 쓰기가 일처럼 느껴져서는 안 됩니다. '채소 챙겨 먹기', '운동을 거르지 않은 나에게 감사하기' 이런 것도 소재가 될 수 있어요. 조금 부끄럽지만 영상에서도 공개한 적이 있는 제 일기장을 가지고 와봤습니다.

보통 아침일기는 일어나 커피를 마시면서 적는데 '온전한 집중력', '일상에 대한 감사'처럼 간략하게 키워드만 적는 편이에요. 예시로 가져온 저 날의 아침일기에는 '바꿀 수 있는 것에 집중하기'를 맨 위에 적은 것을 보니 아마도 전날에 뭔가 바꿀 수 없는 것에 매달렸었나 봐요.

다음은 저녁일기예요. 공식 일정이 마무리되면 하루를 잘살았는지 일과표를 점검하고 평가하는 시간을 갖습니다. 그러면서 겸사겸사 일기도 함께 적는데 아무래도 아침보다는 감성이 묻어나더라고요. 이때도 역시 부담은 금지입니다. 일기를 5줄 이내로 적으면 부담 없이 따뜻하게 하루를 마무리할 수 있어요.

그리고 저녁일기는 최대한 자신을 안아주는 것으로 끝맺으려 하는데 저도 사람인지라 잘 안 될 때가 있어요. 그럴 땐 다음 날 아침일기가 조금 더 길어지겠죠.

아침일기

To. 아침의 다지에게

내가 찾아야 할 것
- 바꿀 수 있는 것에 집중하기
- 온전한 집중력
- 일상에 대한 감사

지금 감사한 것
- 가족이 건강한 것
- 절망스러운 순간에도 웃을 수 있는 것에 감사하기

저녁일기

To. 잠들기 전의 다지에게

오늘은 여유가 없었다.
내가 바꿀 수 있는 것부터 집중해보자.
지금은 엉망진창이지만
넌 네가 할 수 있는 최선을 다하고 있어.
억지로 무언가 하려 하지 말고,
자책도 금지.

끝으로 월요일일기는 한 주를 시작하는 세레모니 성격이 강합니다. 일주일을 시작하는 각오를 쓰기도 하고요. 그 주에 꼭 하고 싶은 여가활동을 적기도 해요. 별일이 없으면 제게 덕담을 남기고, 특별한 일이 있으면 일정 위주로 기록을 해나가요.

월요일일기

To. 한 주를 시작하는 다지에게

토요일에는 정말 푹 쉬고,
일요일에는 좋은 재료로 요리해서 건강하게 식사하고,
그림도 그리고. ^^
에너지가 충전되었으니
사랑하는 나의 제자들을 위해
듣기만 해도 행복해지는 최고의 강의를 하자!

이번 주 미션

- 친구와 장보고 요리하기
- 서재 꾸미기
- 운동하기

일기의 뜻하지 않은 효과

수년 동안 일기를 쓰다 보니 가끔 주변에서 묻더라고요. "제자들 수능이 다가오면 너도 분 단위로 사느라 바쁜데 왜 일기를 빼먹지 않고 쓰냐."라고요. 일기마저 그렇게 악착같이 쓸 필요가 있냐는 핀잔일 거예요.

아닌 게 아니라 새벽 4시부터 밤 10시까지 촘촘히 살다 보니 제가 고3 수험생처럼 느껴질 때가 있어요. 고등학교 졸업한 지가 언젠데 악몽을 꿀 때도 수능 보는 꿈을 꾸더라고요. 그러다 문득 이런 생각이 들었어요.

'너무 미래만 보고 살고 있는 것은 아닐까. 어제도, 그리고 오늘도 분명 소중한 내 인생인데 이걸 붙잡아두는 방법이 없을까.'

그래서 떠올린 게 일기였어요. 그렇기 때문에 바쁘니까 일기는 패스해도 되지 않냐는 의견에 저는 반대할 수밖에 없어요. 바쁠수록 오히려 일기를 더 써야 합니다. 조금은 미뤄도 되는 일정, 소홀히 대해도 되는 일정이란 게 있기 마련인데요. 이런 일들을 놓쳤을 때 바쁘다는 것이 면죄부가 되어선 안 되기 때문이에요.

지금은 '일만 하는 이다지'이지만 언젠가는 '일을 뺀 나머지 이다지'로도 살아야 합니다. 그때 되어서 나에게 줄 수 있는 것들이 빈약하면 쓸쓸할 것 같아요. 커리어의 전성기를 기준으로 놓고 봤을 때, 그 전과 후 상관없이 삶에서 변하지 않는 가치가 있으면 좋겠다고 생각해요. 어떤 사람에게는 그것이 여행이거나 운동일 수 있는데 저에게는 그게 '일기 쓰기'예요.

일기를 쓴 지 20년 차로서 말씀드리면요. 아주 사소한 일이라도 기록하잖아요. 그럼 '큰일을 잘해내는 나'만큼 '소소한 일에 집중하는 나'도 소중하게 느껴지기 시작합니다.

우리는 알게 모르게 자신을 두고도 차별을 하고 있어요. 제자들을 보면서도 이 점을 많이 느껴요. 말로는 자존감, 자존감 얘기하면서도 실제로는 내가 나를 차별하고 마음에 안 드는 나는 배척하는 식으로 '자존감의 평균'을 깎아먹고 있더라고요.

'큰 나'를 사랑하는 만큼 '작은 나'도 사랑한다면

어떤 상황에서도 흔들리지 않습니다.

그러니 '채소를 잘 먹는 나'도 '일과 공부를 열심히 한 나'만큼 소중히 대해주세요. 이게 이다지가 여러분에게 약속할 수 있는 일기의 효과입니다.

만약 처음이어서 일기에 어떤 내용을 적어야 할지 막막하기만 하다면 한 가지 제안할게요. 참고만 해주세요.

- '어제'는 특별히 어떤 좋은 일이 있었나요?
- '지금'은 어떤 감정인가요?
- '내일'을 어떻게 근사한 날로 만들 수 있을까요?

이 질문에 하나씩 답을 해보는 거예요. 그렇게 하면 어제, 지금, 내일의 일(do list), 감정(feeling), 계획(plan)을 적음으로써 세 개의 시제를 붙일 수 있게 됩니다. 이런 것들을 생각하다 보면 자연스럽게 행복을 뒤로 미루지 않게 될 거예요.

"하지만 이런 나라도 괜찮아!"
나에게 해주는 마지막 말은
늘 좋은 방향이어야 해요.

4*

답이
보이지 않을 때,
인생이 바닥이라
느껴질 때

부정적인 너에게
지지 않기를

벽이 진짜 '벽'이 되기 위한 조건

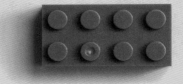

*

한국인들이 힘들어하는 것 중 하나가 선택과 결정일 거예요. 저만 해도 선택을 해야 하는 상황이 오면 '나 대신 누가 해주면 좋겠다.'는 생각이 들 만큼 머리가 뜯기는 기분이거든요.

안 그래도 힘든데 만약 그 선택지가 환영할 만한 것이 아니라면 그때부턴 잔다르크가 되어야 할 거예요. 사방에서 "그 길은 아니다. 다시 생각해봐라."라며 흔들어댈 것이기 때문이죠. 내가 선택한 방향과 씨름을 해야 하는데 주변 사람과도 입씨름을 한다면 지칠 수밖에 없습니다. 이때는 혼자만의 시간을 보내면서 스스로에게 세 가지 질문을 던져보세요.

- 질문 1. 남의 말인가, 나의 말인가.
- 질문 2. 타인이 세운 벽인가, 내가 세운 벽인가.
- 질문 3. 세상이 놓은 장애물인가, 내가 동의한 장애물인가.

저마다 내놓는 대답이 전부 다를 거예요. 만약 '그 길은 위험하니 가지 말라는 말'이 타인의 말이기도 하지만 동시에 나의 말이기도 하다면 어떨까요? 그때는 앞에 놓인 벽이 반가울 수도 있겠죠. 그건 주변에서 뭐라 해서가 아니라 여러분 스스로 딱 거기까지만 그것을 원한 거예요. 이때는 다시 생각하는 것이 맞습니다.

하지만 이게 아니라 정말 나의 길을 가고자 한다면 그때는 주변의 말들을 모두 소음으로 처리하고, 자신의 소리에 귀 기울여보세요. 인생을 살면서 그런 확신의 말을 따라갈 기회가 얼마 되지 않거든요.

"이다지 선생님은 어릴 때부터 방향이 확실했으니 고민이 없었겠어요."

이렇게 오해하는 분이 있는데 여러분, 저도 한국 사람이에요. 동서남북으로 흔들어대는 환경, 저라고 왜 없었겠어요. 방향이 확실한 저조차도 이리 흔들리고 저리 흔들리면서 조금씩 앞을 향해 나아가는 것뿐이에요.

내가 만난 세 개의 벽

고백하면 당차 보이는 제게도 타인이 벽에 가둔다고 느낀 경험이 몇 차례 있었습니다.

첫 번째 벽은 고등학교 3학년 때 나타난 '전공의 벽'이었어요. 학교에서 진로 희망 학과를 조사하는데 전 역사를 좋아해 1지망 칸에 사학과라고 써서 제출했어요. 그러자 담임선생님이 "사학과? 너 여기에 가면 취직 못해서 굶어 죽어."라며 반대를 하더라고요. 어릴 때부터 역사를 좋아했기에 망설임 없이 사학과를 희망한 건데 당시에 꽤 의미 있는 어른이 안 된다고 하자 아주 잠깐이지만 고민이 됐습니다. '취업이 잘되는 경영학과를 가고, 사학과는 부전공으로 해야 하나?'라는 생각이 들기도 했지만 결국 제가 선택한 제1지망은 사학과였습니다.

내가 무엇을 하고 싶고, 어느 방향으로 가야 하는지 확신이 서잖아요. 그럼 주변에서 무슨 소리를 해도 '그 벽' 너머로 그 말들이 넘어오지 못하게 돼요. 만약 흔들린다면 그땐 '남의 말' 때문이 아니라 '확신의 말'을 갖지 못한 나 때문일 수 있으니 한번 생각해보세요.

그다음에 찾아온 벽은 화려한 시절에 찾아온 '사직의 벽'이었어요. 이대 사학과를 졸업하고 취업 전선에 뛰어든 해가 서브프라임 모기지론 사태로 미국발 경제 위기가 터질 때였어요. 취업이 하늘의 별 따기였는데 저는 운이 좋게도 증권사에 바로 합격을 했습니다. 그때 제 나이가 23살이었으니 어릴 때네요.

사회에 첫발을 내딛었는데 그곳이 63빌딩에 있는 증권사였던 거죠. 새벽에 출근해 통창 유리 밖으로 한강을 보노라면 마치 제가 세상의 중심이 된 기분이었어요. 허세가 통창을 뚫고 나아갈 정도로 강하던 때가 저도 있었습니다.

그런데요. 제 안에서는 그 허세도 때려눕힐 정도로 다른 목소리가 데시벨을 높여나갔습니다.

'이다지, 너 지금 행복해? 허세가 웬 말이야.'라며 저를 마구 흔들어댔어요. 맞습니다. 전 단 한순간도 행복하지 않았습니다. 미국 증시, 한국 증시, 원 달러 환율, 채권 이자를 보여주는 4개의 모니터 앞에서 저는 '내가 역사를 이런 방식으로 가르치면 잘할 수 있는데.' 하는 상상의 나래를 펼치느라 분주했거든요.

'몸 따로, 마음 따로'로 2년간 살다 보니 속이 썩어들어가더라고요. 더는 안 되겠다 싶어 사직서를 던졌는데 부모님 두 분 빼고는 모두가 반기를 들었습니다.

친구들이며 입사 동기며 팀원들까지 나서서 다시 생각해보라고 설득했습니다. 그런데도 말을 듣지 않으니 본부장님이 쌍화탕 가게로 저를 호출했습니다.

"이 주임, 요즘 얼마나 취직하기가 힘든 줄 알아. 다른 사람들은 들어오고 싶어도 못 들어오는 곳에 정규직 직원으로 있는 거야."

"네⋯."

"그리고 지금 임용고시에 합격했어? 그래서 그만두는 거면 보내주지. 그런데 준비하려고 그만두는 거잖아. 말이 좋아서 공부지 백수의 길을 선택한다는 거잖아. 회사에 요구할 게 있으면 차라리 말을 해. 시스템으로 해결할 수 있어. 다시 한번 생각해봐."

"…"

찻잔 안에 든 노른자위가 보름달처럼 어찌나 영롱한지, 그때 처음 노른자위에 제 얼굴이 비치는 걸 발견했어요. 고개를 푹 숙인 채 그것만 뚫어져라 봤거든요.

당시 저는 본부장님의 말에 반박하지는 못했습니다. 그분 관점에서 다 맞는 말이었으니까요. 그럼에도 저의 선택은 사직이었어요. 백수생활이 교사가 되기 위해 치러야 하는 비용이라면 치르겠다고 결심했고 제 관점에서는 그 선택이 맞았습니다.

그런데 제 인생에서 가장 큰 벽은 마지막 벽이었습니다. 바로 '두려움의 벽'입니다. 저는 퇴사 1년 후에 전국 단위 자사고의 정교사가 됩니다. 교사가 된 후에 세 가지 목표를 세웠어요.

- 교과서 집필에 참여하기
- EBS에서 강의하기
- 수능 출제 기관인 교육과정평가원과 관련된 경력
  쌓기

교직에 있는 동안 편하게 일하는 교사가 되지 말자는 게
제 목표였어요. 이를 갈고 노력하다 보니 정말 운이 좋게도
교과서도 쓰고, EBS에서 강의도 하고, 교육과정평가원에
서 감수한 교재의 검토도 할 수 있게 되었습니다.

세 가지 목표가 달성되어가는 와중에 인터넷 강의 업계
에서 제안이 왔어요. 사교육 업계에 진출해서 전국에 있
는 학생들을 만나보지 않겠냐고요. 이때 주변 반응이 어땠
을 것 같아요? "넌 도전을 좋아하니 당연히 해봐야지."라
며 응원을 해주었을까요? 절대로 아니에요. 증권사를 그만
두었을 때도 반대하지 않던 부모님마저도 반대를 하시더라
고요.

대한민국 남녀노소가 선망하는 '정년 보장과 연금이 주는 안정성'이 반대 이유였어요. 이 좋은 걸 마다하고 경쟁의 끝판왕인 사교육계로 간다고 하니 딸이 도박하는 것처럼 보였을 거예요. 그럼에도 저는 제 선택을 믿었습니다. 허세 가득한 자신감이 아니었어요. 지금껏 남이 만들어놓은 벽을 격파하면서 닦인 '내면의 자신감'이 제 등을 모험의 세계로 떠밀더라고요.

정말 많은 고민이 되었지만, 저만의 교재와 커리큘럼으로 자유롭게 강의할 수 있다는 게 너무나 매력적이었습니다. 그리고 무조건 성공할 거라 생각했어요. 다른 사람들은 모르는데 저는 알아요. 이 세상에 나만큼 열심히 하는 사람이 없고, 그렇다면 내가 최고가 될 거라는 걸 알고 있었으니까요.

내가 제일 잘 알아요, 내가 가고 싶은 길은

시간이 지나고 뒤를 돌아보니 벽은 그저 남들이 만들어

놓은 것에 불과하더라고요. 그런데 그 벽이 언제 힘을 발휘하는 줄 아세요? 내가 인정할 때예요. 내가 인정을 해버리는 순간 벽의 높이가 무릎보다 낮아도 절대로 넘어갈 수가 없어요. 한 가지 물어볼게요. 자신의 한계를 인정하면서 살면 인생에 뭐가 남을까요? 씨앗이 아무리 많이 있어봤자 뭐해요. 씨앗에 물을 주고 키워주는 내가 없는데.

벽과 장애물에 타협했다면 저는 임용고시에 뛰어들어서도 안 됐고, 적성에 맞지 않더라도 증권사에 계속 다녀야 했으며, 취직도 안 된다는 역사를 전공해서도 안 됐어요. 그랬다면 제자들과 눈을 마주치면서 강의하는 즐거움은 영영 느끼지 못했을 거예요.

남들이 내 앞에 세워놓은 벽을 벽으로 인정하는 순간
나의 모든 가능성은 닫히게 됩니다.

이때는 남 탓이나 환경 탓을 해서는 안 돼요. 엄연히 스스로 '문' 대신 '벽'을 선택한 거니까요.

더 나은 인생을 살고 원하는 일을 하며 산다는 건 앞에 놓인 벽을 깨느냐 마느냐에 달려 있어요. 이 권한은 오직 자신만이 쥘 수 있는 거예요. 저는 나중에 여러분이 저에게 이런 이야기를 해주었으면 해요.

"그때 얘기한 벽을 저도 깰 수 있었습니다. 이다지 선생님이 해주신 이야기를 떠올리면서 잘 버틸 수 있었어요."

잊지 마세요. 여러분의 도전을 저는 항상, 진심으로 응원하고 있다는 것을요.

마음에 싱크홀이 생긴 날

＊

전 스무 살 이후로 부모님에게 10원도 받아서 써본 적이 없습니다. 대학교 등록금은 모두 장학금과 아르바이트로 해결했어요. 사회복지장학금을 받기 위해 어떤 서류를 구비해서 학과장에게 제출하고 여러 복잡한 절차를 거쳐야 하는지에 대해 저만큼 빠삭한 학생도 없었을 거예요. 하지만 그땐 그렇게 해서라도 공부가 하고 싶었고, 공부를 해야만 했어요. 이게 습관이 된 탓인지 임용고시 준비를 할 때도 월 30만 원이라는 생활비 총액 안에서 '공부 생활'을 해나갔어요.

독서실 비용도 아까워서 도서관으로 자리를 옮겼는데 도서관에서 상주하는 분들은 알 거예요. 각 층마다 명당 자리가 하나씩 있다는 것을. 좌석 뒤쪽에 난 창문으로 바람이 솔솔 불어오면 저는 그게 참 좋더라고요. 그날도 새벽같이 일어나 머리를 질끈 묶고 무릎이 튀어나온 추리닝 차림으로 버스에 몸을 실었습니다. 회사에 다닐 때에야 허세 열 스푼 섞어가며 머리부터 발끝까지 꾸미고 나갔지만 온종일 앉아서 공부만 해야 하는 수험생에게 거울 보는 시간은 그 자체가 사치였어요.

잘못 도착한 문자 하나

누가 봐도 수험생 차림으로 버스에 몸을 싣고 도서관에 도착해 그날도 명당 자리로 향했어요. 공부의 시작은 그 자리를 차지하는 데서 출발하는 셈이죠. 새벽같이 일어난 덕에 창문이 있는 자리를 사수하고 오전 분량을 만족스럽게 집중해나갔어요. 그러다 화장실이 가고 싶어지더라고요. 아무 생각 없이 그 모습 그대로 열람실 밖으로 나왔는데 하필 학창 시절 알고 지내던 친구와 눈이 마주친 거예요.

"어… 너…."

"아… 너…."

둘 다 생각하지 못한 장소에서 부딪친 탓인지 반가움 반, 당혹감 반 섞어가며 '말줄임표'만 잔뜩 있는 인사를 나누고 헤어졌어요. 저는 다시 공부를 하기 위해 자리로 돌아왔는데 핸드폰 진동이 울리더라고요.

> 이다지, 증권사 다닌다고 한 거 거짓말인 듯 ㅎㅎ 나 방금 걔 어디에서 봤는지 알아? ○○도서관에 서 봤다~.

이 문자가 정확히 제 핸드폰에 도착한 거예요. 다른 친구에게 보낼 문자를 저에게 잘못 보낸 거죠. 머릿속에 '이 다지'만 떠올렸는지 수신자에 넣어야 할 번호도 이다지 번호로 넣은 상황. 대충 이렇게 그려지더라고요.

그 문자를 보면서 '이거 뭐지? 왜 꿈을 이루려고 노력하는데 이런 소리를 들어야 하지?', '내가 안 되는 걸 기뻐하는구나.' 하는 별의별 생각과 감정이 스쳐 지나갔어요. 제가 새벽같이 지킨 명당 자리 밑으로 시커먼 싱크홀이 푹 꺼지는 기분이었어요.

지금까지 어떤 벽 앞에서도 당당한 저였건만, 이제 막 도전을 시작한 시점에서 마주한 감정의 벽은 심리적 타격감이 꽤 크게 다가오더라고요. 아마 이제까지는 주도적으로 선택한 '벽 깨부수기'였다면 그때는 무방비 상태에서 마주한 '작은 넘어짐'이라서 더 그랬던 것 같아요. 그때 제가 어떻게 마음을 잡았는지 아시나요?

'여기가 바닥이다. 이제 올라갈 일만 남았다.'

그때로부터 한참 시간이 지났음에도 당시의 감정이 선명한데요. 세상엔 쓸모없는 경험이 없다고, 저처럼 고생을 사서 한다거나 또래들과 다른 방향을 선택하는 분들 보면 진심으로 응원을 보내고 싶어져요. 만약 재수나 반수를 선택하거나 직장을 그만두고 '다른 길'을 가고자 하는 분이 있다면 이거 하나는 명심해주세요.

그 길이요. 절대로 낭만적인 길이 아니에요. 남과 다른 선택을 한다는 것은 '조금 새로운 길'에 들어선다는 그런 좁은 개념도 아닙니다. 그 안에는 관계의 문제, 감정의 문제가 반드시 포함되어 있어요. 그 길을 선택함으로 인해 생겨난 주변 사람과의 틀어짐, 크고 작은 감정 문제, 작아질 준비를 하는 자아, 나를 해명하고 싶어 하는 욕구의 출몰. 이 모든 이슈가 들어 있는 꽤 고난이도의 선택지를 고른 거예요. 이걸 알고 뛰어들어야 여러분 마음에 싱크홀이 뚫리는 일이 없을 거예요.

똥을 참는 것보다 힘든 해명의 욕구

여기에서 특히 이겨내기 힘든 욕구가 뭔 줄 아세요. 바로 생리적인 욕구를 참는 정도의 난이도를 요구하는 건데요. 바로 해명하고 싶은 욕구입니다.

'이 모습만 보고 함부로 판단하지 마. 난 뜻을 품고 이곳에 있는 거야.'라는 해명이 그렇게 하고 싶더라고요. 당시 '그 친구를 붙잡고 왜 이야기하지 못했을까. 그랬다면 이런 문자도 오지 않았을 텐데.'라며 며칠 동안 저 자신을 원망했었어요. 당시의 저도 자존심이 제법 상했나 봐요. 물론 시간이 흐르고 나서는 '그때 해명하지 않길 잘했구나.'를 깨달았지만요.

저도 잘 참았으니 여러분도 할 수 있어요. 절대 해명하지 마세요. 현재 내 힘든 처지를 반가워하고 비아냥거리는 사람의 귀에는 무슨 말을 해도 '변명'으로밖에 들리지 않기 때문이에요.

해명하고 싶은 욕구의 방향을 살짝 틀어서 그들의 속내를 읽어보는 것이 더 효과적인 방법이에요. "쟤는 왜 나에게 저런 문자를 보냈을까?" 또는 "나를 응원한다고 해놓고 왜 지금은 내 성과를 후려치는 거지?"라는 질문의 답을 알려면 그들의 속마음을 들여다봐야 해요.

상대는 내가 잘되지 않기를 바라는 본심을 숨기고 있어요. 그런 마음을 가진 사람에게는 어떤 말을 해도 소용이 없습니다. 이런 사람들 때문에 여러분의 소중한 시간과 에너지를 낭비하지 마세요. 우리는 우리의 길을 가면 되는 거예요.

기분이 내 인생이 되지 않도록

*

"선생님은 자력으로 등록금을 마련하며 대학 생활을 해나
갔으니 선생님 앞에선 징징대면 안 되겠죠. 그런데요. 전
아직 학생인데 왜 돈 걱정을 해야 하는지 모르겠어요. 조
금은 억울하고 속상합니다. 이럴 때는 마음을 어떻게 잡는
것이 좋을까요."

　이런 사연을 접한 적이 있습니다. 긴 글은 아니었지만 많
이 힘들고 속상해 보였습니다. 비슷한 고민을 하는 것이
아마 이분만은 아닐 거예요.

왜 나만 힘들고, 왜 나만 불행한가요

"학자금 대출만 없어도 혼자 힘으로 어떻게 해볼 텐데."

"다달이 집에 생활비를 보내야 해서 대학원은 꿈도 못 꿔요."

"방세만 누가 내줘도 공부만 팔 수 있을 것 같아요. 아르바이트하느라 지쳐요."

이처럼 경제 사정으로 인해 자신의 인생만 살 수 없는 분들이 많을 거예요. 하루에도 수십 번 '나는 해낼 수 있어.'라고 다짐해도 현실은 이런 나를 비웃기라도 하듯 '다짐의 뿔'을 뚝, 뚝, 부러트리죠. 현실이 의지와 용기를 집어 삼킬 때마다 '수백 개의 나' 중 '억울한 나'가 정면에 등장하게 될 거고요.

'왜'가 생략된 '나만'이라는 얼굴이 수시로 등장해서 스스로를 괴롭힐 거예요. (왜) 나만 뒤처지는 것 같고, (왜) 나만 지원을 못 받는 것 같고, (왜) 나만 배 이상 노력해야 하는지 모르겠다며 '화를 내는 나'가 나타날 겁니다. 그런데요. 그럴 때마다 피하거나 도망쳐서는 안 됩니다.

저도 셀 수 없이 만나봤는데 그냥 피하기만 해서는 열불이 나서 도저히 안 되겠더라고요. 집중하는 데 방해가 될 수밖에 없었고, 그럴 때마다 진짜 내 마음이 어떤지를 살펴봤어요. 처음엔 현실에 화가 난다고 생각했는데 아니었어요. 더 속에 있는 감정 알맹이는 속상함이더라고요.

'다지야, 속상할 때는 그냥 속상해해도 돼.'

'이런 감정이 든다고 해서 나쁜 아이가 되는 것은 아니야.'

'나는 어떤 감정이든 가질 권리가 있고, 잘 보내줄 자격도 갖고 있어.'

저는 저의 온 감정을 힘껏 안아주었습니다. 감정에 옳고 그름을 붙이지 않고 있는 그대로 인정해주는 것만으로도 위로가 되더라고요. 그렇게 하고 나니 더는 그 감정이 커지지 않았습니다. 이때 알았죠.

'한순간의 부정적인 기분이 인생을 망치게 하지 말아야겠다. 내 기분을, 내 감정을 잘 알아주는 것이 현재를 살아가는 데 중요한 일이구나.'

그 뒤부터 연습했습니다. 나의 '진짜 감정'을 파악해내는 연습을요.

진짜 감정을 '1차적 감정'이라고 합니다. 감정에는 1차적 감정과 2차적 감정이 있거든요. 1차적 감정은 어떤 일이 있을 때 처음에 드는 감정이에요. 그리고 이 감정이 점점 커지면서 2차적 감정이 되죠. 대표적인 2차적 감정이 분노, 화입니다.

그런데 생각해보세요. 화는 그냥 나는 게 아니거든요. 예를 들어 오랜만에 남자친구와 데이트를 하는데 "안 본 사이에 살쪘네."라고 하는 거예요. 너무 화가 나서 어떻게 그런 말을 하냐며 싸웠다고 해봅시다. 그런데 진짜 알맹이 감정이 화였을까요? 아니죠. 사랑하는 연인에게 부정적인 말을 들으니까 한편으로는 섭섭하고, 또 한편으로는 살쪘 다는 평가에 부끄러운 마음도 들었을 거예요. 그러니 섭섭 함이 1차적 감정이고, 분노가 2차적 감정이죠. 사실 화를 내기보다는 "네가 그렇게 말해서 섭섭하고, 또 진짜 살쪄 보이나 하는 생각에 자신감이 없어진다."라고 말하는 게 훨씬 정확하죠. 이렇게 말했을 때 사이도 더 빨리 회복할 수 있어요.

그런데 사람들은 왜 진짜 감정을 얘기하지 않고 대신 분노하고 화를 내는 걸까요? 왜냐하면요, 진짜 감정을 인정하면 약해지는 거 같거든요. 그리고 감정적으로 약해지면 정신적으로 무너질 수 있다고 생각하니까 뾰족한 화로 나를 지키려는 거예요.

하지만 부정적인 기분과 감정으로 스스로를 계속 감싸다 보면 어느새 나는 기분이 태도가 되는 사람이 되어 있을 겁니다. 그러니 부디 자신의 약한 감정을, 자신의 진짜 알맹이를 인정하고 안아주세요.

주어진 현실은 선택할 수 없지만,

그 현실에 반응하는 나의 감정과 태도는

선택하거나 바꿀 수 있습니다.

그러니 우리, 해볼 수 있는 것부터 바꿔보기로 해요.

차별에 세련되게 대처하는 법

전 돈도 돈이지만 노력으로 바꿀 수 없는 것들 때문에 벽에 부딪힐 때 더 크게 충격을 받았었어요. 돈이 없는 거야 소비를 줄이고 아르바이트라도 하면 되겠다 생각했지만, 나이가 어리다고 무시를 당한다든가 여자라는 이유로 안 들어도 되는 소리를 들으면 순간 무력해지더라고요. 내 잘못도 아니거니와 무슨 짓을 해도 당장 바꿀 수 있는 게 아니니까요. '바꿀 수 없는 것들의 벽', 이 벽을 처음 마주한 것은 대학생 때였습니다.

사학과에 입학한 후에 학점 교류 수업을 신청한 적이 있습니다. 인근 대학에서 전공 관련 수업을 듣는데 당시 그 대학의 연로한 교수님이 이런 말씀을 하시더라고요.

"역사는 남자의 학문이지. 여자가 역사를 전공하는 건 나 때는 상상도 못할 일이야."

처음엔 제 귀를 의심했어요. '성별과 학문이 무슨 상관이지?' 하는 의문이 들기도 했거니와 아무리 교수님이 옛

날 사람이라고 해도 저런 말을 대놓고 한다는 게 너무 놀라웠거든요.

더 놀라운 게 뭔지 아세요? 요즘도 이런 사람들이 존재한다는 사실이에요. 제 유튜브 채널에 종종 "여자가 역사를 가르친다는 게 좀 그렇네."라는 댓글이 달릴 때가 있습니다. 그것도 여러 개가요.

'왜 이런 발상이 나오는 걸까?' 하고 생각을 해봤습니다. 대략 정리가 되더라고요. 그 사람들은 그냥 옛날옛적에 머물러 있는 거예요. 지금은 존재하지도 않는 까마득한 옛날, 조선시대쯤 가면 여자는 아무리 똑똑해도 바깥일은 꿈조차 꾸지 못했잖아요. 역사에 기록될 만한 업적을 세우거나 학문을 공부하고 또 가르치는 일들, 모두 남자만의 것이었어요. 이미 끝난 그 시대를 사는 사람들이 있더라고요. 그래서 또 생각했죠. 이들의 시대착오적인 발상을 어떻게 깨야 할까에 대해.

시시때때로 찾아오는 부정적인 감정들은 진짜 알맹이 감정을 힘껏 안아주는 식으로 관리하면 되지만, 이런 차별에 대한 대응은 '감정 밖에서'가 핵심이에요. 감정 밖에서 감정을 싹 빼버리고 결과로 보여주는 거죠.

저는 "여자가 왜요?"라며 억울한 감정을 드러내지 않았어요. 대신 보여주었습니다. 당시에는 교수가 A+를 줄 수밖에 없게끔 성적을 받아버렸어요. 그리고 지금 제가 선택한 방법은 제 사례를 결과로 남기는 거였어요. 대한민국을 대표하는 역사 강사로 성공하는 거죠.

대한민국에서 내로라하는 역사 강사가 되어서 이런 나를 보고 이 분야에 뛰어드는 후배들이 많아지게 하는 것. 이것만큼 건설적인 복수가 없겠더라고요. 유명한 (여성) 강사가 한 명인 것보다 열 명일 때 '여자가 역사를 가르치는 게 어때서'라는 인식이 자리 잡기가 수월하지 않을까요.

그러니 여러분, 우리 인생에서 교통사고처럼 마주치는 불쾌한 차별을 겪게 되었을 땐 절대 감정적으로 대응하지 마세요. 차별에 남녀가 어디 있겠어요. 모두에게 해당하는 이야기입니다.

애초에 구시대의 언어를 쓰는 그들에게 현실의 언어로

얘기해준다고 해도 못 알아들어요. 무논리에 논리로 맞설 수가 없는 거죠. 말이 안 통하면 욱하면서 감정이 앞서게 되는데 이때를 조심해야 해요. 그러면 "여자들은 감정적이라서 안 돼.", "남자들은 원래 공감능력이 떨어져서 욱하는 거야."라는 소리만 듣게 되거든요. 차별의 피해자인데 그냥 분노조절장애자가 되어버리는 거예요.

차라리 그 에너지를 일이나 학업에 사용하세요. 과업에 임하는 나에겐 성별이 있지만, 내가 이룬 성과나 결실에는 성별이 붙지 않잖아요. 말 많은 사람들을 조용하게 만드는 데에 이만한 방법이 없습니다.

여러분이 최고가 되면 됩니다. 그러면 여러분 자체가 길이 될 것이고 그 길 위에 적어도 서너 명, 많게는 수십 명, 수백 명의 후배들이 설 거예요. 여러분의 성공이 다른 사람의 길이 된다니, 멋지지 않나요?

자존감,
이제 그만 사용할 때도 되지 않았나요

＊

드디어 기회가 왔습니다. 정말 이야기해보고 싶은 것 중 하나가 '자존감 사용법'이었거든요. 동기부여와 관련한 영상이나 역사 강의 영상에 보면 댓글에 자존감이라는 단어가 빠지지 않고 등장해요. 그러면서 본인들의 근황도 짤막하게 덧붙여요(너무 귀여운 쩍쩍이들이에요).

그런데 댓글들을 보면서 한 가지 의문이 들었던 게 있어요. 진짜 자존감이 낮아서 이런 일들이 생겨나는 걸까, 하는 의문이에요.

부정적인 너에게 지지 않기를

문제의 핵심은 어디에 있을까

"선생님, 학점이 잘 안 나왔어요. 전 자존감이 낮아서 원하는 바를 끌고 가지 못하는 것 같아 고민이에요."

"남자친구랑 헤어졌어요. 자존감이 낮은 편이라 연애할 때마다 차여요."

이런 글을 볼 때마다 "정말 그게 다야?"라고 묻고 싶어집니다. 여러분, 자존감이 낮아서가 아니라 좋은 학점을 받을 만한 방향으로 공부를 하지 않아서가 더 핵심이 아닐까요.

인간관계 문제도 마찬가지예요. 자존감이 낮아서 헤어진 것이 아니라 상대가 정말 본인과 맞지 않아서이거나 소통에 문제가 있어서가 원인이 아닌지 살펴보았으면 해요. 분명 나는 서운한 게 있어서 남자친구와 만났어요. 괜히 말을 꺼내면 속 좁은 여자가 되니까 꽁해 있는데 눈치 없이 남자친구가 서운한 행동을 보태면 이때다 싶어 말도 하지 않고 사라지잖아요. 그러니 문제가 생기는 거예요. 그 자리에서 제대로 말만 했다면 그날로 풀렸을 일이에요. 무

슨 일만 틀어졌다 하면 자존감으로 도망치는데 이건 자존
감을 편의적으로 사용하는 것밖에는 안 돼요.

스스로 생각해보세요.

정말 들여다보고 개선해야 할 문제를

'자존감'이라는 덮개로 덮고 있었던 것은 아닌지.

자존감이라는 핑계를 대지 않고 내부의 원인을 제대로
들여다봤다면 그 일은 반복되지 않았어야 했던 것은 아닌
지, 마음은 아프겠지만 이번 기회를 이용해 냉정하게 자신
을 살펴보았으면 해요.

내친김에 자존감의 정의를 살펴볼게요. 자존감(self-esteem)이란 내가 자신을 얼마나 존중하고 근사하게 생각
하느냐 즉, '나와 나'와의 관계 성격을 규정하는 보편적인
개념이에요.

자존감은 이렇게 지키는 것

인스타 섬네일을 보다가 '자존감의 스승'으로 모시고 싶은 친구를 발견했습니다. 이 친구는 아쉽게도 한국에서 살지는 않아요. 미국에서 거주 중인 흑인 소녀거든요. 초등학생으로 보이는데 아마도 입양아인가 봐요. 학교에서 소문이 났는지 친구들이 입양아라고 놀린 거예요. 그때 이 친구가 뭐라고 한 줄 아세요? "글쎄, 부모님은 날 원해서 선택한 거지만 너희 부모님은 어쩔 수 없이 널 키우는 거잖아."라고 했어요. 정말 사이다 열 병 마신 기분이 들지 않나요.

소녀의 반응은 굉장히 단단하고 세련됐어요. 아무도 기분 나쁘게 하지 않으면서 본인에게 날아온 화살을 멋지게 받아친 거죠. 여러분 같으면 이 상황에서 어떻게 했을 것 같아요? 혹시 '입양아라서 나는 자존감이 낮을 수밖에 없어.' 식의 이름표 붙이기 즉, 라벨링(Labelling)을 하지는 않았을까요.

그렇게 부정적인 이름표가 붙으면 스티그마 효과(Stigma effect)가 생겨 자신을 계속 안 좋은 방향으로 몰기 시작합니다. 스티그마 효과란 부정적인 편견이나 고정관념에 의해 낙인이 찍히면 정말로 그렇게 되어버리는 현상을 이야기해요. 스스로 '어차피 난 입양아니까'라는 서두를 붙이는 순간, 부정적인 생각만 하게 되고 본인에게 해가 되는 행동만 반복하고 자신에게 도움이 안 되는 사람하고만 어울리게 되는 거죠.

이것을 일상생활 언어로 바꿔볼까요. "나는 취업도 안 되는 백수니까.", "나는 모태솔로니까."와 같은 말을 아무렇지 않게 사용하잖아요. "나는 자존감이 낮아서 이래."라는 혼잣말도 마찬가지예요. 어떤 경우에든 여러분 인생에 나쁜 이름을 붙이지 마세요. 뭐든 이름이 붙는 순간 생명력이 생깁니다. 속이 상해서 저런 말이라도 내뱉어야 한다면 그래도 마지막엔 꼭 이렇게 덧붙이세요.

"하지만 이런 나라도 괜찮아!"

나에게 해주는 마지막 말은 늘 좋은 방향이어야 해요.

가끔 "선생님, 자존감을 높이려면 어떻게 해야 하나요?"라는 질문을 받곤 하는데요. 제가 써먹는 방법은 아주 간단해요.

첫 번째는 '내가 되고 싶은 모습으로 하루 살아내기'입니다. 자존감이 떨어질 때의 모습과 정반대의 상황인 것처럼 행동하는 거예요. 청소도 하지 않고, 주변 사람들에게 불친절하며, 해야 할 일도 미루는 못난 다지가 싫다면 반대로 해보는 거죠. 주변 정리도 해보고, 친구들을 만날 때마다 상냥하게 웃으며, 미뤄뒀던 일도 하나씩 다시 시작하는 거예요. 모두들 가슴속에 '되고 싶은 모습'이 있잖아요?

그런데 그렇게 살지 못하는 이유도 분명히 있을 거예요. 아직 '~가 해결되지 않아서'겠죠. 그럼 그 모든 일이 다 해결되고 난 후 행복한 나처럼 행동해보세요. 그렇게 내가 원하는 모습으로 하루를 잘 살아내면 따뜻한 자존감이 마음을 채울 거예요.

두 번째는 '내려놓기'입니다. 살다 보면 스트레스 받는 일이 참 많아요. 저는 육체적인 아픔이든 정신적인 아픔이든 잘 참는 편입니다. 그런데 이렇게 계속 버티다가는 진짜 내가 망가지겠다 싶은 순간이 와요. 그럼 버티기를 내려놓습니다. 내 안에 있는 자존감이 안전하게 쉴 수 있는 최소한의 공간을 마련해놓으세요. 그리고 그 공간이 무너질 정도의 순간이 오면 내려놓습니다. 좋은 대학 가기, 돈 벌기, 하나라도 더 성취하기보다 더 중요한 건 나의 행복이니까요.

세 번째는 '모든 내 모습 좋아해주기'입니다. '서툴고 자꾸 뭘 빼먹는 나는 그거대로 좋고, 똑 부러지는 나는 그거대로 좋다.'라고 생각해주는 거예요. 흑인 소녀가 대단한 이유도 자신을 통째로 사랑해주기 때문이잖아요. 아이는 스스로에게 '난 흑인 아이고, 게다가 입양아야.' 하는 빨간 딱지를 붙이지 않았어요. 그 대신 '나는 나의 엄마, 아빠가 선택한 아주 귀한 사람이야.'라는 자존감 딱지를 붙였어요. 예쁜 나만 취사선택하려는 편향성으로는 절대 나올 수 없는 모습이에요.

그런데 여기에서 주의할 게 한 가지 있어요. 자신의 모습 전체를 사랑해주라고 했다 해서 욕할 때도 자신의 전체를 대상으로 삼아서는 안 됩니다. "이렇게 살아서 뭐해.", "나는 쓸모없는 인간이야." 같은 발언 모두 금지예요. 자신을 탓하거나 욕할 때도 요령이 있어요. 저는 제가 못나 보이거나 마음에 들지 않는 날이면 푸념은 하되 '나의 전체'를 대상으로 삼지 않습니다.

　'이다지! 이 덤벙거림 어쩌면 좋지?', '핸드폰을 차에다 두고 왔네. 일 말고는 정신머리가 없지.'처럼 최대한 상황을 좁히고 좁혀요. 전체가 아닌 '일부분'만 푸념의 대상으로 삼아야 나의 좋은 다른 부분까지 평가절하하지 않을 수 있기 때문입니다.

야경에는 번지는 빛이 있어
더욱 힘이 납니다

＊

야경(夜景)이라 하면 제일 먼저 뭐가 떠오르나요. 전 경치를 앞에 두고 멍하게 있는 것을 좋아해서인지 어릴 때부터 야경 보는 것을 좋아했어요. 밤하고 나하고만 있는 것 같아서 편하고 좋더라고요. 그런데 그렇게 좋아하는 야경 앞에서 기분이 확 상한 적이 있었습니다.

친구들 중에서 꽤나 시니컬한 친구와 함께 야경을 본 적이 있어요. 그날 야경이 유난히 멋져서 감탄만 나오더라고요. 까만 밤을 밝히는 빌딩의 불빛이 너무 예뻐서 "홍콩 야경이 최고라는데 내 눈엔 서울 야경이 최고인 거 같아."라고 했죠. 그러자 친구가 미간에 인상을 팍 쓰고 이렇게 말하더라고요.

"넌 저게 예뻐? 야근하는 불쌍한 사람들 등골 빨아먹는 불빛인데."

시니컬한 사람은
그것을 옮기지 못하면 병이 나요

매사 비판적이고 냉소적인 사람 옆에 있으면 묘하게 기분이 나빠지는 경험, 다들 겪어본 적 있을 거예요. 기분만 나빠지면 다행이게요. 태도도 닮아갑니다. 긍정의 N극에서 부정의 N극으로 순간 이동하는 건 시간문제예요. 그런 사람에게 "너의 한계에 갇히지 마."라고 하면 "대충 좀 해, 이다지.", "꼭 최선을 다해야 해?", "될 놈은 뭘 해도 되고 안 될 놈은 백날 해도 소용없어."라며 찬물을 끼얹었어요. 그것도 모자라 "할 수 있다는 생각만으로 다 되면 누가 실패해?"라며 확인 도장까지 찍고 갑니다.

이런 친구를 어떻게 대해야 하는지 알려달라는 상담도

심심찮게 받는 편인데요. 얼핏 보면 말이에요. 이런 사람이 현실을 정확하게 읽는 것처럼 보이니 따르고 싶어질 수 있어요. 아니면 장단 맞춰주는 게 편하니 같이 세상을 후려치기 할 수도 있고요. 그런데 전 여러분이 그렇게 하지 않았으면 좋겠습니다. 말에는 힘이 있거든요. 처음엔 친구의 비위를 맞춰주고자 말만 그렇게 했을지 몰라도, 계속 그러다 보면 정말 그 말에 동화되기 쉽습니다.

힘들어 보이는 세상을 살만한 곳으로 바꾸고, 다른 차원으로 이끄는 사람은 '삐딱이'가 아니라 '긍정이'들이에요. 저 역시 삐딱이었던 시절이 있었어요. 오죽하면 별명이 걱정을 즐기는 여자, 줄여서 '걱즐녀'였을까요.

뭘 하든 최악의 상황을 가정했어요. 공부할 때도 최악의 결과를 상상하니까 저절로 채찍질하게 되더라고요. 자연스럽게 성적이 괜찮게 나왔어요. 그러다 보니 저 스스로 '이 방법이 괜찮네.'라고 생각한 거죠. 분명 처음에는 공부를 몰입하게 해주는 '선택적 비관주의자'였는데 생각의 근육이 무섭다고 어느 순간 선택적 비관주의자가 아닌 '매사 삐딱이'가 되어 있었습니다.

"막상 시작하려니 두려워."

"온전한 마음으로 치열하게 부딪힐 자신이 없어."

"이전만큼 못해낼까 봐 걱정돼."

이렇게 변명만 늘어놓는가 하면 어차피 해도 안 될 것 같으니까 시작조차 하지 않는 태도를 허수아비처럼 고수하고 있었어요.

생각이 행동이 되고,
행동이 현실을 만들어요

이건 생각에서만 끝나지 않습니다. 나중에는 생각이 나를 발목 잡거든요. 심리학에서는 이런 현상을 '셀프 핸디캐핑(Self-handicapping)'이라고 합니다. 중요한 일을 앞두고 미리 자신에게 불리한 상황을 만들어두는 것을 말합니다. 시험 기간에 이런 얘기 들어보지 않았나요?

"나 어제 공부 하나도 안 했어."

이런 얘기를 하는 친구들 중 절반은 정말로 안 했고, 나머지 절반은 했으면서도 안 했다고 하는 거잖아요. 그런데 두 케이스 모두 '이유'는 같습니다. 실패가 두려워서예요. 시험을 못 볼 상황에 대비해 미리 자기 자신에게 불리한 상황을 만드는 거예요. 공부를 열심히 했는데도 시험을 못 보면 그건 능력 부족이니, 차라리 노력 부족으로 만들어버리는 거죠.

미국의 사회심리학자 버글래스와 존스는 셀프 핸디캐핑을 증명하기 위한 실험을 진행했습니다. 실험 참가자들을 둘로 나누어서 A그룹에게는 정말 어려운 문제를 풀게 하고, B그룹에게는 쉬운 문제를 풀게 했습니다. 그리고 실제 성적과는 관계없이 두 그룹 모두에게 아주 좋은 성적을 받았다고 알려준 후에 이어서 비슷한 수준의 문제를 풀게 될 거라고 얘기해줍니다. 그런 뒤 다음 두 가지 약 중에 하나를 선택하라고 하죠.

• 빨간약 : 집중력을 높여주어 문제 푸는 능력을 향상

시켜줌

- 파란약 : 긴장을 완화해주지만 집중력을 떨어뜨려 문제 푸는 능력을 떨어뜨릴 수 있음

결과는 어땠을까요? 쉬운 문제를 풀었던 B그룹 대부분은 빨간약을 선택합니다. 반면 어려운 문제를 풀었던 A그룹 대부분은 집중력을 떨어뜨린다는 파란약을 선택했습니다. A그룹은 분명 다음 문제도 어려울 거라 예상하고는 미리 실패에 대한 핑곗거리를 만들어놓은 거죠. 성적이 좋았던 첫 번째 결과는 자신의 실력이고, 두 번째는 파란약 때문에 못 봤다고 말할 수 있으니까요.

이게 무서운 점은요. 생각에서 그치지 않고 행동으로 이어지기 때문이에요. 더 나은 결과를 받을 수 있을 때에도 스스로 발목을 잡는 행동을 해서 자신의 발전을 막으니까요.

인간의 본성은 위기가 닥쳤을 때 또는 나약해졌을 때 나온다는 말이 있습니다. 그리고 당시 자신을 지배한 감정

을 대표 감정으로 인식하고, 그 감정을 토대로 세상을 바라보고 '행동의 방향'을 결정하게 됩니다. 따뜻한 눈으로 세상을 보는 사람은 야경에서 인간에 대한 측은지심을 보지만, 비관적인 눈으로 세상을 바라보는 친구는 노동착취라는 일부분만 콕 집어 발견해내요. 똑같은 야경을 봤음에도 너무 다른 밤을 가슴에 품고 산을 내려온다는 게 흥미롭지 않은가요.

여러분은 야경을 볼 때 무엇을 눈에 담아 내려오고 싶나요. 전 여전히 반짝거리는 빛부터 볼 거예요. 야근에 찌든 빛도 있겠지만, 꿈과 가족을 위해 달리는 빛도 존재하니까요.

야경 한가운데에 자리한 빛들은 번짐이 있어 더 크고 찬란합니다. 그 빛들에게 고마워하고 그 빛들 한가운데에서 열심히 일하는 분들에게 응원을 보냅니다. 저 또한 제 몫의 '빛'이 있습니다. 어두운 밤, 제가 밝히는 야경의 빛이 누군가에게 힘이 되고 기쁨이 되고 격려가 되길 바라며, 앞으로도 그렇게 열심히, 그리고 긍정적으로 살고 싶습니다.

부정과 긍정의 테이블 사용법

*

'부정적인 나'에서 벗어나고 싶은데 어떻게 해야 할지 모르겠다고요? 그렇다면 이렇게 한번 해보세요.

부정과 긍정의 테이블

본인이 원하는 소망이 있을 거예요. 공무원 시험 합격일 수도 있고, 운전면허 취득일 수도 있고, 연인과의 데이트일 수도 있어요. 이 중 하나를 '나의 소원'에 적어보세요.

나의 소원 : _____

그런 다음 그림 하나를 그려보겠습니다. 선 하나를 가로로 길게 그리고, 그 위에 총 일곱 개의 칸을 올릴 거예요. 왼쪽부터 폭망, 아주 나쁜 결과, 그럭저럭 나쁜 결과, 타협이 가능한 결과를 놓으세요. 여기까지가 부정적인 구간이에요. 이어서 그럭저럭 괜찮은 결과, 아주 만족한 결과, 대박 좋은 결과를 차례대로 놓으면 돼요. 이 구간은 긍정적인 구간이에요.

다음의 그림을 참고하면 이해가 빠를 거예요. 전 이 테이블을 '부정과 긍정의 테이블'이라고 부릅니다. 자신의 소원이 각각의 칸에 해당하는 경우를 구체적으로 적어보는 겁니다.

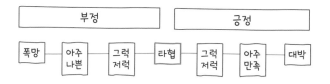

예를 들어 현재 망설이는 것이 7급 공무원 시험 도전이

라고 가정할게요. 부정의 극단인 '폭망'에는 뭐가 놓일까요. '영원한 불합격'이겠죠. 전생에 조상이 부정부패를 저질렀는지 내 운명에는 공무원이 아예 없어요. 7급이 아니라 100급에 도전해도 나는 안 돼요.

그다음이 '아주 나쁜' 결과인데 한 2년 정도 도전했는데 안 되는 경우예요. 심지어 합격의 기미도 보이지 않아 많이 답답한 상태죠. 이어서 '그럭저럭' 나쁜 상태는 2년간 도전해서 실패는 했지만 그래도 합격의 기미가 보이기 시작했어요. 다음에는 붙을 것 같아서 자신감이 생겼어요.

이번에는 정 가운데에 놓인 '타협' 칸이에요. 아무리 생각해도 7급은 힘들 것 같아 9급으로 낮춰 도전했어요. 그동안 공부한 바탕이 있어서인지 합격이래요. 7급이 아니어서 속은 상하지만 타협할 정도는 돼요.

이번에는 긍정의 구역으로 가볼게요. 이번에도 긍정의 극단인 '대박'부터 볼게요. 이건 말할 필요도 없이 첫 도전에 바로 합격한 거예요. 안 했으면 후회가 컸을 것 같아요. 그다음 '아주 만족'한 결과는요. 첫 응시 때는 떨어졌지만 다음 해에 합격한 거예요. 남들도 이 정도는 공부를 한다고 하니 괜찮아요. 이어서 '그럭저럭' 괜찮은 결과를 볼게요. 7급으로 붙기는 했는데 원하는 지역이 아니에요. 지방으로 발령받아서 이사를 해야 해요. 끝으로 '타협' 칸은 아까와 같아요. 9급으로 낮춰 도전했는데 수월하게 합격했어요.

소원은 현실이 될 수 있어요

어떠세요. 이렇게 일곱 가지 경우에 맞게 상황을 그려보니 '소원의 현실'이 조금 더 와닿지 않으세요? 이렇게 쓰고 보면, 적어도 세 가지 정도는 알 수 있을 거예요.

첫째, 여러분이 가장 두려워하는 '부정의 끝'과 가장 희망하는 '긍정의 끝'에 해당하는 일은 실제로 일어날 확률이 거의 없다는 사실이에요. 극단적인 상태에 대해서는 고민할 필요가 없으니 단 1초라도 빨리 벗어던지세요. 신이 손쓰지 않는 이상 양극단의 상황은 일어나지 않을 거예요.

둘째, 대부분 한가운데에 놓인 타협 칸의 좌우에서 결과가 나올 거예요. 제일 바라는 대박은 안 되더라도 그럭저럭 괜찮지 않나요?

셋째, 여러분 스스로 자신이 부정의 구역을 상세히 기록하는지, 긍정의 구역을 상세히 기록하는지도 점검해보세요. 열 명이면 열 명, 다 다르게 칸을 채우는데 이것 하나만 봐도 어떤 성향의 사람인지 알 수 있어요. '내가 부정적인 칸만 빼곡히 채우네. 긍정적인 상황은 뭘 써야 할지 모르겠어.'라고 한다면 메모장에다 내게 일어났으면 하는 긍정적인 상황을 써보는 거예요.

운동을 하면 몸에 근육이 붙듯이 생각도 근육이더라고요. 어차피 어떻게 될지 모른다면 긍정적으로 생각하고, 그 생각을 단단한 목소리로 내보내세요. 어느 순간 사고가 바뀌어 있을 겁니다.

부정적인 감정을 동력으로 전환하기

그렇다고 부정적인 감정이 모두 쓸모없는 건 아니에요. 부정이건 긍정이건 감정은 그 자체로 나를 태우는 에너지가 될 수 있거든요.

저라고 열등감이 없었을까요? 당연히 있었죠. 특히 저보다 더 강의를 잘하는 사람을 보면 '왜 나는 저렇게 강의를 잘하지 못하는 걸까?' 하는 생각을 합니다. 하지만 열등감은 굉장히 감사한 감정이에요. 진짜 내가 되고 싶은 모습이 뭔지를 바로 보여주니까요. 열등감을 통해 나의 순수한 욕망이 강의를 잘하는 것임을 알 수 있었던 거죠.

그렇다고 해서 열등감 안에만 잠겨 있으면 안 되겠죠. 열등감을 에너지로 태워 원하는 모습으로 발전하는 동력으로 삼아야 합니다. '저 사람은 저렇게 강의를 잘하는데 나는 왜 아직도 버벅거릴까.' 하는 생각에만 머물러 있으면 그저 부정적인 정서에 잠기고 끝이에요.

하지만 '어떻게 하면 학생들이 더 만족할 만한 강의를 할 수 있을까.'를 고민한다면 열등감마저 나를 성장시키는 동력으로 만들 수 있습니다. 그렇게 열등감을 치열한 강의 연구의 동력으로 승화시켜 '나 자신'에 몰두하다 보니 어느 순간 제가 원하는 모습에 조금 더 가까이 가 있더라고요.

불안감도 마찬가지입니다. 한때는 걱정과 불안이 많은 제가 좀 걱정스러웠어요. 그런데 바꿔 생각하면 미래에 대한 두려움이나 불안감이 높았기 때문에 더 치열하게 준비할 수 있었고, 그게 저의 장점이 된 거죠.

슬픔도 그래요. 제가 겪은 가장 큰 슬픔은 아버지가 돌아가셨을 때인데 한 달 동안 강의를 하지 못할 정도였습니다. 그런데 그런 아픈 경험도 저를 돌아보는 계기가 되더라고요. 그동안 너무 앞만 보며 달리느라 주변을 살피지 못했음을 알아채게 됐거든요. 그때까지 정말 일만 하며 살았어요. 일, 일, 일, 성공…. 그렇게만 살아오다 아버지가 돌아가시고 나서 가족의 소중함에 대해 다시 깨닫게 된 거죠.

바쁘다는 핑계로 사랑하는 조카들이 커가는 모습을 자주 보지 못하기도 했고요. 비가 오고 눈이 오는 날씨의 변화나 혹은 낙엽이 지고 다시 꽃이 피는 경이로운 계절에 대한 감상조차 느끼지 못한 채 살았던 거예요. 뭔가 아버지가 마지막으로 남겨주신 가르침 같았어요.

부정적인 정서는 누구에게나 있습니다. 하지만 "내가 부정적인 정서 때문에 이렇게 망했어요."라고 말할지, 혹은 "부정적인 정서 때문에 오히려 더 앞으로 나갈 수 있었어요."라고 말할 수 있을지는 우리가 선택하기 나름임을 다시 한번 강조하고 싶어요.

후회와 자책에서 벗어나는 법

아무리 집중하고 싶어도 지나간 일에 대한 후회 때문에 자꾸만 멈추게 되는 경험, 해본 적 있으신가요. '나 방금 또 졸았네.' 하는 흔한 자책부터 '그때 정말 그러지 않았어야 했는데…' 하는 가슴 깊은 후회까지.

제 마음에 지울 수 없는 흉터를 남긴 일이 하나 있습니다. 너무나 사랑하는 반려묘가 희귀한 전염병에 걸려 고양이별로 떠난 일이에요. 투병하는 동안 너무 괴로운 거예요. 생명의 힘이 점점 흐려지는 반려묘를 보는데 수의사가 한 얘기만 떠오르더라고요.

이게 희귀한 전염병이긴 하지만 그래도 예방백신이 있는데 왜 안 맞혔냐고요. 그 말이 정말 머릿속을 떠나지 않았습니다. 내가 좀 더 알아봐서 어릴 때 예방백신을 맞혔더라면 이렇게 고통스럽게 투병하지 않았을 텐데 하는 후회와 내가 모든 걸 망쳤다는 자책에 갇혀버렸습니다.

결국 사랑하는 반려묘는 하늘나라로 떠났고 저는 한동안 강의를 할 수가 없을 정도였습니다. 카메라 앞에서 웃을 자신이 없더라고요. 그때 면역력도 급격히 떨어지면서 대상포진까지 앓았습니다. 많은 사람들이 위로해주었지만, 제가 못됐는지 그런 위로조차 마음에 닿지 않더라고요.

"너는 최선을 다했어."라는 말을 들으면, '아닌데? 내가 최선을 다했다면 죽지 않았겠지.'라는 뾰족한 생각만 떠올랐어요. 그러다가 오래전부터 고양이를 반려하신 선배와 대화를 하면서 저를 옭아매던 후회와 자책에서 한 걸음씩

빠져나올 수 있었습니다.

"괜찮아. 다 똑같은 실수를 해. 너만 그렇다고 생각하니까 괴로운 거야. 나도 비슷한 일이 있었는데, 한번 겪어보니까 다음에는 반복하지 않게 되더라."

마음이 편해지더라고요. 이미 지나간 일이 나에게 엄청난 후회를 남겼을지 모르지만, 그래도 모든 경험은 교훈을 남기잖아요. 우리가 할 수 있는 유일한 것은 앞으로 같은 일을 반복하지 않는 것임을 이때 또 한번 뼈아프게 깨달았답니다.

진짜 내 사람이면 기다려줄 것이고,
겉으로만 친구였다면
조용히 사라질 거예요.

5 *

"그냥
넘어가지
마세요"

세상에서
가장 어려운 것이
인간관계

고독이 가면 꽃이 만개할 거예요

*

한국 사회는요. 남들과 다른 길을 가는 사람을 고운 시선으로 보는 문화가 아직은 많이 미숙해요. 여전히 다양성보다는 획일성이 우세한 사회라 그럴 거예요.

남다른 길을 택했을 때
가족에게 일어나는 일

부모님이 집 밖에서 "다지는 요즘 뭐해?", "회사는 잘 다니지?"라는 질문을 받았어요. "회사 다니지."라고 답하면 끝날 일을, "공부한다고 회사 그만뒀어."라고 답하는 순간

분위기가 싸늘해집니다. 상대는 대꾸의 방향을 어떻게 잡아야 할지 몰라 침묵하거나, 아니면 "아이고, 요즘같이 어려운 때에 왜 그런 선택을 한 거야."라는 타박을 합니다. 내 선택으로 인해 불편한 공기가 발생하는 순간이에요. 어떠세요. 뭔가 느껴지는 게 있으신가요.

공부에 나선 본인은 괜찮을지 몰라도 나를 둘러싼 가족은 사회생활이 불편해집니다. 여기에 형광펜으로 중요 표시를 해두세요. 성인이 되고 나서 남과 다른 선택을 한다면 다음과 같은 등호가 세워집니다.

• 나의 남다른 선택 = 가족의 불편해지는 사회생활

이 표식을 대문짝만하게 써서 방문에 걸어두세요. 그래야 가족의 응원과 지지를 '당연한 값'으로 생각하지 않게 돼요. '엄마, 아빠니까 무조건 내 편이 되어줘야지.'라고 간주하잖아요. 그럼 가족을 설득시키는 과정을 쉽게 생각하거나 건너뛰는 오류를 범해 두고두고 가족 내 불화의 씨앗이 될 수 있습니다. "엄마, 아빠가 밖에서 무슨 소리 듣고 온 줄 알아?", "왜 멀쩡하게 다니던 회사 때려치워서 이 분란을 만들어."라는 날벼락이 괜히 떨어지는 게 아니에요. 나에게나 가족이지 그분들도 밖에 나가면 남들에게 떳떳하고 싶은 한 명의 사회인입니다. 이걸 배려해달라는 거예요. 왜냐, 이곳은 한국 사회니까요.

나는 너의 도전이 반갑지 않다

가족 외 그룹의 심리를 볼 차례예요. 도서관에서 제게 문자를 잘못 보낸 친구처럼 제가 안 되기를 대놓고 바라는 사람이 한 명씩은 있을 거예요. 나의 도전이 그 사람에게 불편한 마음을 주거든요. 저는 여기에 '두려움'이라고 써주고 싶어요.

그 두려움에 대해 들여다볼까요. 평범한 길을 선택해서 사는 A가 있고, 그 옆에는 자신의 길을 선택한 친구인 B가 있어요. A의 입장에서 볼게요. A는 현실과 타협해서 적당한 직장을 잡아 주말만 바라보며 살아요. 다들 이렇게 사니 그럭저럭 만족스러워요. 어느 날 갑자기 친구 B가 직장을 그만두고 공부를 시작한다며 잠수를 타겠다고 해요. 처음엔 현실이 호락호락한 줄 아냐며 뭐라고 했지만 내 인생도 아니니 그러라고 했어요.

시간이 좀 흘렀고 A는 여전히 똑같이 살고 있어요. 슬슬 B의 근황이 궁금해질 때쯤 들리는 소문이 B가 원하는 바를 이뤄내기 직전이래요. A의 심장이 덜컹 내려앉아요. '쟤가 저 길을 가는 동안 나는 뭐했지.' 하는 생각이 스멀스멀 올라와요. 나는 앞으로도 물먹은 솜처럼 무거운 삶을 살아야 하는데, B는 가벼운 깃털처럼 원하는 방향으로 날아갈 일만 남은 거잖아요. 뭔가 불공평하고 나만 바보가 된 기분이에요. 바로 이런 상황이 올까 봐 두려운 거예요.

우리는 다른 사람이 트로피를 획득할 때만 비교와 질투를 한다고 생각하는데 그렇지 않아요. 그 사람이 꿈을 향해 걸음을 내딛는 것, 나는 엄두도 내보지 못한 용기를 내는 것, 아직 이렇다 할 성과는 없지만 '꿈의 과정'을 밟아가는 것만으로도 부럽고 질투가 납니다.

이럴 때는 자발적인 거리 두기가 도움이 됩니다. 어차피 공부를 해야 하니 기존 인간관계에서 자연스럽게 멀어지게 될 거예요. 시냇물에 나뭇잎을 띄워 보내듯이 소원해지면 소원해지는 대로 내버려두세요. 지금 그 관계를 붙잡아본들 나에게나 상대방에게나 좋을 게 하나도 없기 때문이에요.

관계는 목표를 이루고 난 뒤에 붙잡아도 늦지 않습니다. 진짜 내 사람이면 기다려줄 것이고, 겉으로만 친구였다면 조용히 사라질 거예요. 내 꿈을 위한 공부가 내 사람을 가려주는 계기를 마련해주기도 한답니다.

여기까지 말이 나왔으니 이어서 고독에 대해서도 이야기를 해볼게요.

즐거운 고독, 솔리튜드의 시간

인간관계의 관점에서 공부를 바라보면요. 공부를 치열하게 하는 동안 '관계라는 박스' 안은 텅 비게 돼요. 필연

적으로 이 둘은 같이 갈 수가 없습니다. 관계도 풀타임잡이고요, 공부도 풀타임잡이에요. 똑같이 많은 시간을 잡아먹는데 어떻게 이 둘을 한 뿌리에 심을 수 있겠어요. 생각해보세요. 고시 준비생이 연애도 하고 친구들과 철마다 놀러 다니고 맛집 도장 깨기를 하며 공부하면 어느 세월에 합격할 수 있을까요. 태생적으로 공부와 인간관계, 둘은 동행이 불가능합니다.

피할 수 없다면 즐기라고 했던가요. 어차피 피할 수 없는 고독이라면 외롭고 수동적인 '론리니스(Loneliness)'가 아닌, 적극적이고 즐거운 고독이었으면 합니다. 이것을 '솔리튜드(Solitude)'라고 부릅니다.

신학자이자 철학자인 폴 틸리히는 고독을 두 가지로 나누었습니다. 론리니스가 타자에게 배제되어 '수동적으로 당하는 고독'이라면, 솔리튜드는 타인이 자신을 원해도 스스로 물리치고 선택한 '자발적 고독'이라고 본 거죠. 솔리튜드는 자신 안에 있는 기회의 씨앗을 틔우고 물과 햇빛을 주어 키우는 인큐베이팅의 시간인 셈이죠. 본연의 나다움

"그냥 넘어가지 마세요"

을 회복하겠다는 목적이 이 안에 들어 있어요.

그게 공부든 일이든 집안 문제든 상관없이 혼자서 침잠하며 무언가에 집중해야 한다면 침대에 누워만 있거나 스마트폰만 보고 있지 말고 가벼운 산책이라도 해보세요. 거짓말 안 하고 운동화 끈을 조이고 현관문을 나서는 순간, 맑은 공기와 햇살 때문에라도 기분이 확 달라집니다.

반려견 산책도 좋고, 목욕도 좋아요. 한 블록 떨어진 카페에 2천 원짜리 커피를 사러 나가는 것도 좋아요. 작은 움직임 하나하나가 더해지면 책상 앞에서 머리를 싸매느라 '강제로 떠안은 고독의 시간'과는 감수성이 다른 '즐거운 고독, 솔리튜드의 시간'이 여러분 인생에 추가됩니다. 그저 외로운 게 싫어서 공허한 리액션만 주고받은 '몸만 움직인 약속 시간'보다 백배는 더 의미 있을 거예요.

모든 꽃이 봄에 피지 않는다면 "그럼 제 꽃은 언제 만개할까요?", "제 계절이 오기는 하는 건가요?"라며 조바심이 날 수 있어요. 여기에 대해 조언을 드리면요. 솔리튜드의 시간이 여러분 삶에 찾아오면 그땐 반갑게 맞이해주세요.

그 시간이 어느 정도 지나갈 때쯤 당신의 꽃이 만개할 것이기 때문입니다. 고독은 꽃잎을 활짝 피우게 만드는 중요한 선결 조건이거든요.

"그냥 넘어가지 마세요"

친구와의 손절을 고민하고 있다면

＊

제가 받은 상담 요청 중 많은 분들이 공감할 만한 내용이 있어 소개할게요.

　전 재수를 해서 대학에 진학한 반면 단짝 친구는 워낙 공부를 잘해서 명문대에 바로 입학을 했어요. 1년 동안 전 재수생, 친구는 대학 새내기로 살다가 둘 다 대학생이 되면서 다시 붙어 다녔죠. 한동네에서 살기도 하고 또 둘 다 노는 성향이 비슷해서 잘 맞았거든요.

　그러다 각자 취업 준비 시즌이 되니 만나는 횟수가 확 줄더라고요. 친구는 1년 동안 취업 재수를 해서 화장품 회사의 정규직 사원이 됐어요. 전 운이 좋게도 모교에 교직원 자리가 나와 졸업 후 바로 취업을 했고요. 대신 저는 비정규직이에요.

제가 졸업과 동시에 취업을 한 게 이 친구의 무언가를 건드린 건지 친구가 제 소식을 듣자마자 이렇게 묻더라고요.

"너 거기 백으로 들어갔니?"

"비정규직으로 들어간 거야."라고 답하니 친구가 "안심. 그래야 공평하지."라고 말을 하더라고요. 정말 놀랐어요.

이 일이 있고 나서는 네 명이 모이는 모임에서만 이 친구를 만나기 시작했습니다. 그런데 이 친구가 자기 문제만 테이블 위에 올리기를 원해요. 회사에서 안 좋은 일이 있으면 내내 그 얘기만 합니다. 다른 아이가 회사에 대한 불만을 얘기하려고 하면 "회사생활 다 그래. 그런 얘기 그만해."라고 상대의 말을 끊어버려요.

또 제가 남자친구랑 사이가 안 좋아서 툴툴대면 "남자친구가 알아? 네가 뒤에서 험담하는 거?"라고 면박을 주다가 바로 자신이 회사에서 인기가 얼마나 많은지로 화제를 돌려요. 만날 때마다 이런 식이에요.

그러면서 자기가 이 중에서 공부를 가장 잘했으니 제일 잘 풀려야 한다고 말해요. 그래야 공평한 게 아니냐고요. 이 친구를 만나면 자꾸 감정을 단속당하는 느낌이 들어서 '손절'을 고민 중입니다. 다른 아이들도 이 친구를 더는 만나고 싶지 않대요. 어떻게 하면 좋을까요.

나의 불행이 너에겐 안심이구나

정리를 해보면 친구란 분은 자기에게 기분 나쁜 일이 있으면 그 위주로 배려받기를 원하고, 자기에게 좋은 일이 있으면 그것만 추앙받기를 원하는 거네요. 왜? 네 명 중 자신이 가장 잘났으니까. 또 자기는 바로 명문대에 입학했고, 꽤 괜찮은 기업의 정규직으로 첫발을 내디딘 것과 달리 사연을 주신 분은 1년 대입 재수를 했고, 비정규직으로 사회생활을 시작했어요.

모임에서도 둘이 만나는 자리에서도 친구는 우월감처럼 보이지만 열등감을 머금고 있는 것처럼 보여요. 이미 친구 입에서도 답이 나왔어요. "(네가 비정규직이라고 하니 나는) 안심." 왜 안심이 됐을까요. '나는 1년 재수해서 취업에 성공했는데 넌 바로 돼? 그런데 비정규직이라고? 뭔가 이상했던 내 마음이 다시 안정을 되찾았어.'가 친구가 말한 '안심의 본질'이에요.

저는 이참에 '안심'의 배경에 대해 살펴보려 해요. 지금 여기에서 두 사람의 관계는 뭐예요. 고등학교 친구예요. 학창 시절의 친구들이 성인이 되어 복닥거릴 때 마주칠 수 있는 모든 이슈가 이 사연 안에 다 들어가 있어요.

저는 늘 학생들과 만나고 소통하는 자리에 있잖아요. 그 중 눈에 띄는 이슈가 중·고등학교 때 만난 친구들과의 갈등이에요. 중·고등학교 때 친구들과 만나면 10대 시절을 함께 보냈으니 애틋하고, 컵 하나만 가지고도 수백 개의 수다를 떨 수 있을 만큼 죽이 척척 맞아요. 대학에 가서 여러 친구들과 사귀었지만 '찐' 우정이 아니라는 확인 사살만 받게 되니, 10대 때 친구들의 소중함은 이루 말할 수가 없어요.

그런데요. 이 모든 장점을 무색하게 만들 정도의 치명적인 단점도 가지고 있어요. 분명 우리는 졸업식장에서 굿바이 인사를 하고, 대학 입학도 축하를 해주었음에도 아직도 '고등학교 때 모습'으로 서로를 바라본다는 사실이에요. 이게 왜 단점이 될까요?

각자 등수를 달고 만나기 때문이에요. 분명 책에서는 '친구란 등짐을 짊어지는 사이'라고 한 것 같은데 현실에서는 등짐 대신 등수를 달고 만나는 거죠. 난 저 친구가 반에서 몇 등을 했고, 등급이 1등급인지 5등급인지도 다 알고 있어요.

여기에서 중요한 포인트가 '나의 안정기'예요. 내가 안정이 되면 9등급 친구에게 일어난 작은 기쁨도 나의 기쁨이 될 수 있지만, 내가 불안하면 '나의 기쁨'만 중요해지는 거예요. 내 밑으로는 아무도 행복해서는 안 되게 되는 거죠.

자, 생각해볼까요. 학창 시절 공부를 잘한 우등생들은 받아오던 대접이란 게 있어요. 이걸 당연하게 여기고 살았는데 취업시장에 뛰어들면서 세상이 자신을 하대하는 걸 처음으로 경험해본 거예요. 그리고 사회생활을 하다 보면 "넌 뛰어나지 않아."라는 피드백을 종종 받게 됩니다. 예전까지는 반에서 꼴찌였던 아이들의 전유물이던 서러움을 온몸으로 체험하게 되는 거죠. 그리고 그 순간 우등생의 '우아함'은 온데간데없이 사라지고 우등생의 '우월감'만 남게 됩니다. 무슨 말이냐고요.

우월감은 열등감의 다른 이름이거든요. 내게 온 열등감

을 나보다 등수가 낮았던 친구들에게 던지는 거예요. 이게 취업 준비 시기부터 30대 초반까지 이어지는 것 같아요. 막 취업에 성공해서 사회에 안착하는 때가 30대 초반이거든요. 아마도 이때쯤 되어야 심리적으로 안정감을 갖게 되면서 교우 관계에서도 여유를 찾게 될 거예요.

그럼 우등생이 우아함을 잃어버렸으니 그 반대편 친구들은 내내 참고 비위를 맞춰줘야 할까요? 당연히 아니에요.

친구가 던진 공을 맞고만 있으면 안 됩니다. 나에게 날아온 공을 두 손으로 잡고 타임아웃을 외치는 것이 좋아요. "지금 우리에겐 시간이 필요해. 각자 회사에 적응도 해야 하고. 일주일에 한 번 말고 분기별로 한 번 정도 모임을 갖는 건 어때?"라고 해보세요. 처음엔 친구가 자존심이 상해 연락을 안 하다가도 만날 날짜가 다가오면 카톡이 올 거예요. 단, 말을 전할 때는 '네 이야기만 하려는 너 때문에 이렇게 된 거야.'가 아니라 '다들 예민한 시기'라는 상황 탓으로 중화해서 던지세요. 그래야 감정적으로 번지지 않을 수 있거든요.

성장 시차가 관계 피로감의 원인이에요

비행기 시차에 따른 피로감을 시차증(Jet lag)라고 하잖아요. 전 성장에도 시차가 발생한다는 점이 '관계를 이해하는 핵심'이라고 생각합니다. 그럼 여기에서의 시차는 무엇을 의미하는 걸까요. 국가와 국가 간에도 시차가 존재하듯이 사람과 사람 사이에도 시차가 존재하죠. 같은 나이여도 누군가는 원하는 일을 찾아 직진하고 있고, 다른 누군가는 아직 학업도 마치지 못한 상태일 수 있어요. 성장 시차에서의 시차는 시간 차이가 아닌 '상태의 차이'인 거죠.

실제로 사회에 첫발을 떼는 시기부터 운전을 시작하는 시기, 하다못해 연애와 결혼 시기도 '적령기'라는 개념이 없어졌어요. 제 주변만 봐도 취업이나 결혼과 같은 인생 이벤트에 서는 출발 시점과 안착 시기가 다 달라요.

너무나 개별적으로 변한 성장의 시차, 그 시차 때 주고받는 열등감, 질투심, 후려치기와 같은 감정들로 인해 생겨나는 관계 피로감. 사실 이게 오늘날 만들어지는 관계 갈등의 모든 것 아닌가요. 즉, 우정이 흔들리는 이유는 이기적인 너 때문도 아니고, 이제는 너를 떠받들고 싶지 않은 나 때문도 아닌 거예요.

이런 관점에서 보면 사연을 주신 분과 자기 이야기만 하는 친구는 넷이 만나는 모임보다 둘이서 가끔 보는 정도로 우정을 이어나가면 좋겠어요. 두 분에게도 성장 시차가 있었습니다. 한 명은 대학 새내기가 됐고, 한 명은 재수를 했어요. 대입을 놓고 보면 1년의 시차가 발생함에도 둘 다 대학생이 되고 나서는 아무 거리낌 없이 친하게 지냈어요. 이 대목에서 '서로의 시차'를 잘 견디는 단단함이 엿보였어요. 이게 결코 쉽지 않은 일이거든요.

앞으로의 우정은 서로 다를 수밖에 없는 성장의 시차를 얼마나 잘 기다려주고 극복하느냐가 기준이 되어야 합니다. 얼마나 자주 함께했는가, 얼마나 오래 만났는가가 기준이 되지 않습니다.

'저는 얘를 정리해야 하나 했는데 아니군요.'라고 궁금해 할 것 같아서 손절에 대해서도 짧게 말씀드릴게요.

요즘은 경쟁이 하도 치열해서 뭐 하나 차지하는 데에 힘이 많이 들어가잖아요. 각자의 인생을 살아내느라 자연스럽게 남에게 쓸 시간이나 에너지가 부족해졌어요. 그래서 인스타만 열면 '손절해야 할 친구 유형'과 같은 섬네일이 넘쳐나나 봐요. 그걸 보면서 왜 이렇게 손절이 인기를 얻게 되었을까를 생각해봤는데요. 그냥 나의 에너지가 없어서더라고요.

이전까지의 손절은
'마음 상함으로 인해 너와의 손을 놓는다.'라는 개념이었다면
오늘날의 손절은
'나에게 모든 에너지를 쏟느라 너를 봐줄 시간이 없다.'예요.

이 역시 성장 시차와 관련이 있어요. 친구가 마음이 편안해질 때까지 기다려주면 그 우정은 중간은 간다는 의미 아닌가요. 굳이 손절까지 할 필요가 없어요. 그런데 자기는 별다른 고민 없이 인생이 풀린다고 굳이 고민이 산더미인 친구를 억지로 불러내어 "그럴 거면 여기에 왜 나와 있

"그냥 넘어가지 마세요"

냐!"라며 다그쳐 화를 자초하지 말자고요.

요즘 같은 세상에서는 인생의 희로애락을 함께 나누는 '찐 우정'보다 친구의 은둔과 회복을 기다려줄 줄 아는 '느슨한 우정'이 바람직해 보이는데, 여러분 생각은 어떠세요.

질투심에 스스로 잡아먹히지 마세요

*

등신감. 자신이 등신처럼 느껴지는 감정을 말합니다. 처음 들어보신다고요? 네, '등신감'은 제가 만든 말입니다. 저라고 늘 당당하고 긍정적인 모습만 있을까요. 당연히 아니에요. 등신감을 분출하면서 살던 때가 있었습니다. 그중에서 하나만 이야기를 들려드릴게요.

비교와 자책이 불러오는 감정

고등학교 3학년 때의 일이에요. 고3이니까 입시 문제로 정신없이 보낼 시즌이었겠죠. 특히 제가 수시전형 1세대거든요. "어느 반의 누가 수시전형으로 모 대학에 들어갔다더라!"라는 소문으로 일희일비하는 경험을 처음으로 해본 세대인 거죠.

물론 저도 수시전형으로 이대 사학과에 들어가긴 했지만 사람이 그렇잖아요. 좋은 이야기가 '내 것'이 되기 전까지는 극도로 불안해서 미치는 거죠. 제가 딱 그랬어요. 그렇게 하루하루 보내고 있는데 중학교 때 친구의 성공 스토리가 제 귀에 도착하는 일이 생겼어요.

이 친구는 중학생 때 소위 말하는 일진이었어요. 술, 담배는 기본이었고요. 하교 후에는 오토바이를 탄 남자친구가 데리러 오곤 했죠. 같은 학교 학우들도 많이 괴롭혔는데 저도 지나가다가 두어 번 욕을 먹기도 했거든요.

그런데 어느 날 그 친구가 수시전형으로 정말 좋은 대학에 붙었다는 소리를 듣게 돼요. 처음에는 '내가 알던 그 아이가?'라며 믿지 않았는데 세상에, 사실이더라고요.

상세히 내막을 들어보니 일단 그 친구는 전략적으로 내신 등급을 잘 받을 수 있는 고등학교로 갔더라고요. 거기에서 뒤늦게 정신을 차렸는지 공부에 매진해서 대입에 성공한 거였어요. 이에 반해 저는 좋은 환경에서 공부하고 싶다며 명문고로 진학을 했어요. 공부 잘하는 친구들이 모이는 학교다 보니 처음엔 내신이 뚝 떨어지더라고요.

그 친구의 대입 성공 스토리를 들으니 제가 어찌나 한심하던지요. 등신감이 혈관을 타고 올라오더라고요. '나는 왜 내신 따기도 힘든 곳에 와서 바보 같은 짓만 한 거지.'라며 자책을 많이 했습니다. 그 뒤로 일주일 동안은 공부가 되지 않았습니다.

역사는 반복된다고, 제게는 한참 전의 일이지만 지금도 유사한 패턴으로 재현되는 일일 거예요. 나의 선택과 무관한 '타인의 달성'도 그냥 수용하는 것이 힘든데, 심지어 제가 직접 한 선택에 비해 더 좋은 선택을 한 것 같은 친구를 보니 자책감이 더 밀려오더라고요. 이런 자책감에 시달리는 중이라면 가던 길을 멈추고 잠시 자각의 시간을 가져보세요.

'자각'이라 하면 스스로의 '자(自)'에 새겨질 '각(刻)'이 더해진 합성어예요. 내가 나에게 '깨달음'을 새기는 꽤 적극적인 사색 활동인 거죠. 이런 중요한 활동에 아무거나 새기면 안 되잖아요. 무엇을 새겨야 할지에 대해 고민해보았고, 그 결과 세 가지가 추려지더라고요.

심란할 때 새기면 도움이 되는 세 개의 자각

첫 번째는 '역마차 바퀴 현상(Stagecoach-wheel effect)'입니다. 마차의 바퀴가 정 방향으로 향하는 중에도 거꾸로 도는 것처럼 보이는 착시현상을 이야기해요. 저는 인생을 바라볼 때도 이런 착시현상이 일어나는 것 같더라고요.

내 길을 잘 가고 있음에도 다른 사람이 피운 화려한 꽃을 보게 되면 갑자기 '어, 내가 지금 맞게 가고 있나.'라는 자기 의심이 들잖아요. 이 순간이 '아주 짧은 찰나'일지라도 마치 내 인생만 더디 가고 거꾸로 가는 듯한 착각에 빠질 수 있어요. 절대 여기에 함몰되어서는 안 됩니다. 대신 여러분이 몰던 마차를 멈춰 세우세요. 10분에서 20분이면 충분해요. 그러고선 상상의 나래를 펼쳐보는 거예요.

"누가 인플루언서가 됐대.", "해외 주지사로 발령이 났대.", "해외 유명 대학으로 가게 됐나 봐." 등 주변에서 희소식이 들려오면 내 마차가 도착했으면 하는 바로 그곳을, 자신이 이루고 싶은 해피엔딩을 떠올리는 거예요. 전 이걸 두고 '미래에서 소망 가불해오기'라고 이야기해요. 이것 하나만으로도 손상된 자존감이 회복됩니다.

저는 임용고시를 준비하는 동안 '역사 선생님이 되어 제자들에게 힘을 북돋는 모습'을 자주 떠올렸어요. 상상만으로도 기쁘기도 하거니와, 타인의 성과가 데리고 온 심란한 마음이 정리되면서 '지금, 이곳으로' 나의 시선과 에너지를 다시 집중시킬 수 있었어요. '열심히 해서 나도 내가 가고 싶은 미래로 나아가야지.' 하며 기분 좋게 집중할 수 있게 되더라고요.

또 여러분이 갖고 싶은 미래, 그 특정한 장면을 미리 당겨오면요. 미미해 보이는 현재도 많은 것을 이뤘을 미래와 합쳐지면서 상향 조정되는 효과가 덤으로 따라와요. 시간도 돈도 안 드는 꽤 가성비 있는 전략이니 한번 써먹어보세요. 물론 노력도 안 하면서 상상만 하는 건 아무 소용이 없다는 건 당연히 알고 계시겠죠?

그다음으로 중요한 자각은 '나에게는 나만의 바다가 있다.'는 인지예요. 우리가 비교에 속수무책으로 당하는 이유는 누군가가 결실을 맺었을 때 나의 것이 사라진다는 제로섬 마인드 때문이에요. 그런데 진짜 그런가요? 제 중학교 친구가 내신 전략으로 대입에 성공했다고 해서 제가 원하는 대학에 못 들어갔나요? 아니에요. 따지고 보면 그 친구가 제게서 빼앗아간 것은 하나도 없어요.

만약 누군가가 자신의 바다를 멋지게 건너갔다는 소식이 들려오면 '나도 나만의 바다를 건너가야지.'라는 영감을 기억해주세요.

나만의 바다가 따로 있는데 왜 질투심에 휩싸여 다른 친구의 바다에 빠져 허우적대나요. 대부분 이 영감이 부족해 불같은 감정에 빠져 며칠을 괴로워합니다. 하지만 '내 것'

270 　　　　　　　　　　　　　　　"그냥 넘어가지 마세요"

을 확인하는 순간, 비교가 데리고 온 초조함이나 분노는 싹 사라질 거예요. '나의 바다'를 기억하세요.

끝으로 무게감 있게 새겨야 할 깨달음이 있는데 《쇼펜하우어, 딱 좋은 고독》이 책에서 빌려올게요. 여기에서 보면 "하루 종일 걸으려는 사람이 저녁까지 걸었다면 거기에서 만족해야 한다."라는 구절이 나옵니다. 마치 제게 '소화해야 할 삶의 분량'을 제시해주는 것 같아서 좋더라고요.

외부 자극으로 인해 집중이 안 되는 날엔 여러분 스스로 정해놓은 시간, 분량까지만 집중해주세요. 마음이 뒤숭숭한 날엔 이 방법만 한 것이 없습니다. 아침부터 저녁까지 일정을 소화하는 과정에서 집중이 되면 되는 대로, 안 되면 안 되는 대로 하고 일어나는 거예요.

'심란한데 공부는 무슨 공부야.'라며 계획도 없이 자리를 박차고 나오잖아요. 개운하게 놀 것 같죠? 아니요. 오히려 시간만 버리게 돼서 기분만 찝찝해져요. 오늘 분량을 소화하지 못했다는 자책까지 더해져 이중고에 시달리게 되니 좋은 방법이 아닌 거죠.

특히 저처럼 일주일 동안 집중하던 것에서 손을 놓잖아요. 그럼 다음 주가 배 이상 고달파집니다. 조금이라도 마음을 다잡고 '집중한 그 분량'이 다음 주를 살게 해주는 '밑천'이 되어준다는 점, 명심해주세요.

여기에서 이 밑천은 뭐예요. 내 꽃을 피워줄 소중한 흙더미이자 땀이에요. 꽃을 심느라 흘리는 땀들이 피가 되고 살이 될 수 있도록 오늘도 여러분이 계획한 그 분량까지 파이팅입니다.

"그냥 넘어가지 마세요"

당신은 언니의 샌드백이 아니에요

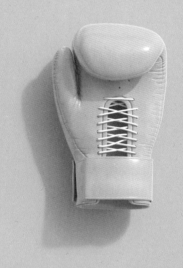

*

요즘 많은 분들이 어려워하는 주제 중 하나가 '가족'입니다. 가장 가까운, 가장 내 편일 것만 같은 가족이 가장 멀게 느껴지는 순간이 오면 그때의 마음고생은 이루 말할 수가 없지요.

2년째 취업준비생인 언니가 있습니다. 인형처럼 생겨서 어릴 때부터 동네 어른과 친인척은 물론 부모님의 사랑과 기대를 한 몸에 받았던 언니예요.

이에 비해 저는 외모나 성적 모든 면에서 평범합니다. 엄마가 간호사 출신이라 저는 어릴 때부터 간호사를 꿈꾸었고, 현재 전문대학교 간호대학 2학년에 재학 중이에요. 그렇지 않아도 곧 실습을 앞두고 있어서

"그냥 넘어가지 마세요"

정신이 없는데 언니가 취업이 안 되는 스트레스를 저에게 풉니다.

"간호사 뽑을 때 출신대학은 안 보나 봐?"

"꼭 보면 할 줄 아는 게 없는 애들이 간호대 가더라."

"살은 언제 빼려고. 뚱뚱하면 환자들이 안 와. 간호사도 예뻐야 해. 다 너 생각해서 하는 소리니까 한약 다이어트라도 해."

언니에게 이런 소리를 들을 때마다 한 대 패주고 싶은데 엄마, 아빠는 취업 스트레스가 커서 그러니 저더러 이해하래요. 괜히 신경 건들면 저만 또 얻어터진다고요. 이럴 때는 어떻게 해야 할까요. 저만 참으면 되는 걸까요?

한 명의 멈춤이
가족 전체에게 미치는 파장

이 사연을 받았을 때 가슴이 너무 아팠습니다. 제게 사연을 준 친구를 가명을 써서 '보영'이라고 호명할게요. 보영 씨만이 아니라 이런 상황에 처한 다른 분들에게도 저의 이야기가 조금이나마 도움이 되었으면 합니다.

보영 씨 사연에 들어가기에 앞서 가족에 대한 이론부터 소개할게요. 바로 '가족 모빌론'이에요. 모빌 아시죠? 가느다란 줄에 여러 인형을 걸어놓고 하나를 건들면 전체가 움직이는 아기용품이요. 그 모빌처럼 가족도 한 명이 흔들리면 그 파장이 다른 구성원에게 전이되고 말죠.

보영 씨네 집은 언니를 중심으로 움직이는 것으로 보여요. 모빌에 걸려 있는 인형 중에서도 가장 크고 반짝반짝 빛났을 거예요. 장녀라서 기대가 컸거나 예쁘게 생겨서 더 관심이 갔을 수도 있어요. 그런 인형이 예쁘게 춤출 때는 다른 가족도 행복하고 편안하죠. 보영 씨도 '자유'를 만끽하며 본인의 삶을 꾸려나갔을 거고요.

그런데 현재 그 인형의 상태가 어때요. 어디에도 가지 못한 채 딱 멈춰 있어요. 언니란 분은 현재 자기 인생이 마음에 안 들어요. 그리고 이걸 여동생에게 다는 아니어도 조금씩 풀고 있는 것으로 보여요. 부모님은 이 상황을 방관하고 있어요. 한 명을 희생양 삼아 가족의 평화를 유지하려는 전형적인 모습이에요. 아마 보영 씨 가족만의 모습이 아닐 거예요.

제일 먼저 보영 씨가 해야 할 일은 '나만 참으면 돼.'라는 위험한 신호를 감지하는 일이에요. 분명 언니는 잘못된 말들을 필터링 없이 하고 있어요. 여기에서 보영 씨가 '나만 참으면 우리 가족이 편해져.'라는 신념에 희생당하는 선택을 해서는 안 됩니다. 그 누구에게도 좋은 선택이 아닐뿐더러 나중에 더 큰 불화의 씨앗으로 번질 수 있기 때문이에요.

보영 씨는 언니에게 "나에게 그런 말 하지 마. 힘이 되어주는 말을 해줬으면 좋겠어."라고 자신의 뜻을 단호하게 전달해야 해요. 이 과정에서 울음이 터지거나 와르르 무너져도 됩니다. 그래도 괜찮아요.

'여기서 약해지면 안 돼.'

아니요. 약해져야 강해질 수도 있는 거예요.

'무너지는 모습을 보이면 안 돼.'

아니요. 무너져야 둑을 다시 쌓을 수 있는 거예요. 무엇보다 내가 약한 모습을 보이면 옆 사람이 그것을 채워주게 되어 있어요. 차라리 울고 다시 시작하세요.

이 과정에서 언니랑 다투거나 불화가 생기더라도 '나 때문에 가족의 화목이 깨졌어.'라며 죄책감이 생기는 것을 조심해야 해요. 보영 씨처럼 착한 분들이 이런 죄책감에 빠지는 경우가 많은데 불화의 씨앗을 먼저 던진 쪽은 언니잖아요. 죄책감보다 '지금 나는 필요한 갈등을 겪는 중이야.'라고 생각하는 게 맞아 보여요.

단, 이때 언니를 이기려고 할 말, 못할 말을 쏟아내는 것은 조심해야 합니다. 이렇게 되면 그 후폭풍까지 보영 씨가 책임져야 해서 더 힘들어질 수 있기 때문이에요. 언니의 언어폭력으로부터 자신의 자존감을 지키는 것에 초점을 두면 말이 정제되어 나올 거예요.

남을 후려치기 위해서는 인신공격(人身攻擊)의 말이 필요하지만,

나를 보호하기 위해서는 그것을 막는 말만 필요해요.

말을 내뱉는 목적이 무엇인지 스스로 점검해보면 말의 수위를 조절하는 데 도움이 될 겁니다.

싸움이 나쁜 것만은 아닙니다

저는 싸움이 항상 나쁜 거라고 생각하지 않습니다. 타인을 공격하는 싸움은 잘못이지만, 나를 지켜내는 데에 수반되는 싸움은 잘못이 아니에요. 갈등 상황이 싫어서 내내 회피하고 참고만 있잖아요. 그럼 상대로 하여금 자기 성찰의 기회, 수위 조절을 할 기회를 주지 않는다는 점에서 내가 그 사람을 가해자에 머물게 하는 공범이 될 수 있어요. 내 가족이라면 필요한 싸움을 통해서라도 상대에게 '성찰의 기회'는 주는 것이 맞아요. 가족은 아무리 얼굴을 붉히고 죽을 것처럼 다퉈도 어디 안 가고 내 곁에 머무는 존재잖아요.

무엇보다 보영 씨처럼 마음이 약한 사람들에게 해주고 싶은 말이 있는데 "두 번째 화살을 맞지 말라."는 불교의 교리예요. '내가 뚱뚱해서 환자들이 싫어할 수 있으니 살을 빼야겠어.'라는 식으로 상대방이 쏜 화살로 자신을 공격하지 말라는 의미예요. 첫 번째 화살은 상대가 쏘지만,

두 번째 화살은 내가 나에게 쏜 것이거든요.

그럴 때는 '그건 언니의 생각이지, 나의 생각이 아니야.'라고 내 안의 나에게 들려주세요. '넌 누구보다 잘하고 있고, 훌륭한 간호사가 될 수 있어.'라며 자신에게 똑바로 말해주는 거예요. 그래야 첫 번째 화살이 힘을 못 쓰고 부러질 수 있습니다.

한 가지 염려되는 것은 현재 보영 씨네에서 벌어지는 일련의 갈등은 언니가 자기 인생이 마음에 들어야만 완전하게 끝이 난다는 점이에요. 언제든 비슷한 일이 반복될 수가 있어요. 보영 씨 마음이 편안해지면 부모님께 '양해'를 구하는 시간을 가졌으면 좋겠어요.

가족 내 갈등 상황을 들여다보면 갈등 당사자 외에 다른 가족의 처신이 중요하게 작용할 때가 많아요. 막말이라는 돌멩이를 맞고 아픈 보영 씨에게 부모님이 "언니가 취업 스트레스로 예민해서 그래. 한 귀로 듣고 한 귀로 흘려버려."라는 말은 해서는 안 되는 겁니다.

이 말을 해야 한다면 보영 씨만 할 수 있어요. 말이 베고 간 상흔은 쉽게 나을 수 있는 게 아니기 때문이에요. 이미

"그냥 넘어가지 마세요"

그 말을 들었고, 내 안의 나는 피가 철철 나고 있잖아요. 이런 때를 대비하기 위해서라도 부모님에게 중립을 요청하는 시간을 가지는 것이 좋아요.

"언니가 던지는 말 때문에 생긴 상처가 아물려면 시간이 필요해요. 그러니 언니에게 굽히고 들어가라는 말은 하지 마세요. 그 타이밍은 내가 정할게요."라고 말을 해놔야 보영 씨가 '2차 갈등'에 휘말리지 않을 수 있게 돼요.

보통 이런 경우를 보면 돌멩이를 던진 쪽에선 그 행위를 통해 이미 감정이 상당 부분 누그러졌어요. 본인 마음이 편해진 뒤에야 보영 씨에게 슬쩍 떠보는 식으로 '화해의 제스처'를 던져보죠. 화해도 참 이기적으로 해요. 자기감정이 해결된 시점을 기준으로 삼는 거잖아요. 뒤늦게 돌에 맞아서 허우적대는 사람은 아직 상처가 아물지 않은 상태예요. 사과는 맞아서 다친 사람이 그것을 받고 싶어질 때 해야 비로소 의미가 생기는 건데 말이에요.

그런데 한국 사람들은 옆에서 뭐라고 하나요. "넌 뒤끝이 오래 간다.", "그만 화해해라.", "언니가 그런 말 좀 했다고 꽁하는 거야.", "그래서 사회생활 잘도 하겠다."라며 2차

상처를 줘요. 나는 분명 피해자인데 어느덧 속 좁은 가해자가 되어 있어요. 이런 상황에 내몰리지 않도록 가족들에게 충분한 메시지를 보내는 것까지가 보영 씨가 해야 할 일이에요.

"그냥 넘어가지 마세요"

왜 집에서 편하게 공부하려고 하나요

보영 씨만 가족과의 갈등으로 마음고생을 하는 게 아닐 거
예요. 요즘은 취업 이슈나 경제적인 이유로 결혼 직전까지
부모님과 동거하는 경우가 많아 서로 부딪치는 빈도수도
많아진 느낌이에요. 그래서 현실적인 가이드라인을 제시해
보려고 합니다.

여기에서 말하는 현실적인 가이드라인이란 바로 돈입니
다. '가족과 돈'이라고 하니 뭔가 민망하기도 하고 낯설기
도 하고 그럴 거예요. 하지만 이제는 진지하게 고민해봐야
할 주제입니다.

내가 취업이라도 해서 매달 생활비라도 드리거나 가끔
외식이라도 시켜드릴 정도면 모를까, 취업준비생이거나 꿈

을 위해 공부 중이라면 부모님 눈치가 보일 거예요. 나도 예민하고, 부모님도 예민해지니 이런 말, 저런 말이 오가게 될 거고요. 그런데요. 왜 내가 공부 좀 해보겠다는데 집 눈치가 보이는 걸까요. 다양한 이유들이 있겠지만 자신이 준비 중인 그 계획이라는 것 안에 '가족에 대한 배려'를 포함하지 않은 게 중요한 이유일 수 있습니다.

지인의 부탁으로 30대 초반인 상우 씨와 대화를 나눈 적이 있었어요. 그는 서른이 되자 불안했대요. 언제 잘릴지 모르는 회사에 목매느니 전문직으로 선회해야겠다고 결심했는데 아버님이 버럭 화를 내더래요.

"직장에 들어간 지 2년도 안 됐으면서 무슨 공부야. 자리는 언제 잡고, 결혼은 언제 하려고? 집에서 언제까지 지원해줘야 하는데?"

그는 응원을 기대했는데 아빠가 화를 내니 놀랐대요. 집에서 지원받고 공부하는 동기들도 많은데, 난 내 힘으로 공부하는 건데 서운하다는 말도 살짝 덧붙였어요.

홈과 하우스의 심리적 차이

그의 이야기를 들으면서 그 길을 걸어본 사람으로서 해줄 이야기가 '역시나' 많더라고요. 우선 집에 대해 이야기 해볼게요.

여러분, 집은 무조건 편안해야 합니다. 바깥에 있을 때보다 단 1도라도 따뜻해야 할 의무가 있는 곳이 집이에요. 저는 이것을 홈 어드밴티지라고 불러요. 맞아요. 스포츠에서 사용되는 용어예요. 바깥에서 푸대접을 받고 모진 소리를 들어도 집의 문턱을 넘는 순간 '여기가 내 세상이구나.' 싶게끔 느껴져야 하는 곳이 집이에요.

특히 상우 씨처럼 명함을 가지고 있는 분이 이것을 내려놓고 수험생이 되잖아요. 바깥바람 그거 무시할 수 없을 정도로 춥습니다. 엄마가 해주는 집밥, 나 공부하라고 TV 소리 조절해주는 아빠와 형제자매. 이런 것들이 홈 어드밴티지예요. 이런 게 없거나 집에 있는 게 가시방석이면 그건 집이 아니라 하우스예요. 아무나 드나들어도 되는 집 밖의 공간인 거죠.

"그냥 넘어가지 마세요"

- 홈 어드밴티지 ○ = 집(home)
- 홈 어드밴티지 × = 밖(outside)

여기까지 이야기하면 '역시 난 집에서 배려를 받아야 하는 존재야.'라고 착각하기 쉬운데 집의 안온함은 그곳에 사는 모든 구성원의 책임이에요. 수험생이라고 해서 배려받는 것이 당연한 게 아니라는 얘기예요. 상우 씨도 집안의 온도를 위해 같이 노력해야 하는 당사자입니다.

구체적으로 어떤 노력이 필요할까요. 우선 아버님의 속내를 읽어야 합니다. 왜 공부를 해보겠다는 아들에게 응원은 못해줄 망정 결혼 이야기를 꺼내고, 언제까지 지원해야 하냐며 화를 냈을까요. 아버지는 지금 '불안감'에 대해 아들에게 호소하는 중이에요. 그래도 상우 씨가 제법 의지가 되나 봐요. 이런 속내도 내보이고. 상우 씨는 아빠를 원망하기 전에 속내를 읽고, 거기에 맞게 '제안'을 드려야 합니다. 비단 상우 씨만이 아니라 모든 자녀들에게 해당하는 사항이에요.

제자들이나 구독자들에게 댓글과 메일로 상담을 많이 받아서인지 사연을 보내준 분의 연령만 봐도 현실이 눈에 그려져요. 상우 씨 나이가 30대 초반이니 아버지는 50대 중반은 될 거예요. 은퇴를 했거나 고민을 해야 할 연령인 거죠.

회사에서 위태위태한 상황에서 아들이 자기 밥벌이 정도는 했으면 하는 게 평범한 가정에서 원하는 자녀 역할일 거예요. 이걸 많은 분들이 놓치더라고요. 뭐, 자녀 입장에서는 무딘 것도 이해는 합니다. 태초부터 아빠의 돈과 집은 공짜였잖아요. 그러니 한 번도 여기에 대해 문제의식을 가질 필요가 없었을 거예요.

하지만 지금의 현실은 어때요. 문제의식을 가져야 할 타이밍이에요. 굳이 회사에서 나가라고 하지 않더라도 아빠는 정년이 얼마 남지 않았다는 것을 알고 있어요. 이런 아빠에게 상우 씨가 직장을 그만두고 공부하겠다는 말은 아버님에게는 '가장으로서의 역할을 무한 연장하라.'는 소리로 들릴 수 있는 거예요.

"그냥 넘어가지 마세요"

내 공부가 가족에게
짐이 되지 않도록

가족의 모빌론에 대해 언급했는데요. 이것은 짐을 나눠 갖는 데에도 똑같이 적용이 됩니다. 가족 중 한 사람이 '자기 몫의 현실'을 살아내지 못하잖아요. 그럼 다른 가족이 그의 몫까지 떠안아야 합니다.

상우 씨가 전문대학원에 진학해서 좋아지는 것은 누구인가요. 상우 씨 본인이에요. 이걸 먼저 분명하게 인지해야 해요. 부모의 보살핌을 받아가며 공부에만 매진해도 되는 건 10대일 때뿐입니다. 대학을 졸업했으면 그때부터 나의 현실은 내가 가져가는 것이 맞습니다.

상우 씨는 "다른 동기들은 집에서 지원받아가며 공부하는데 전 제가 번 돈으로 공부할 거예요."라고 했지만 그 멘트에서 다른 동기를 부러워하는 마음, 자신의 힘으로 꾸려나가야 하는 것에 대한 불만족이 느껴졌어요. 이런 감정이 드는 이유는 '나 좋으라고 공부에 뛰어드는 것'이라는 마음가짐이 서지 않았기 때문이에요. 이것부터 중심을 제대로 잡아줘야 해요.

'공부는 나의 인생을 위해서 하는 것' 이것이 우리가 가져야 할 큰 마음가짐이라면 이를 구현하는 시프트 전략은 '나의 공부 시드머니'를 예비해두는 것입니다.

밤낮으로 일해도 빈곤에서 벗어나지 못하는 것을 워킹푸어(Working Poor)라고 합니다. 전 성인이 되고 나서 전업 공부에 뛰어드는 사람이 있다면 스터디푸어(Study Poor)에 대한 의사결정을 먼저 내리라고 하고 싶습니다. 여기에서 시프트 전략이 마련되기 때문이에요.

저도 2년간 회사생활을 하다가 임용고시를 위해 전업 수험생에 뛰어들었습니다. 당시 한 달에 30만 원 생활비를 기준으로 공부의 시드머니를 예비해두고 회사를 그만두었어요.

• 월 30만 원 × (   )년 = 공부 시드머니

처음엔 이 돈으로 버틸 수 있을까 싶었는데 인간은 적응의 동물이라고 했던가요. 금세 30만 원 안에 생활이 맞춰지기 시작하더라고요. 이게 작은 돈처럼 보일지 몰라도 내 몫의 현실을 충당한다는 점에서 결코 적은 비용이 아니에요. 나나 부모님에게 마음의 짐을 덜 정도는 되니까 그렇게 보면 아주 큰돈인 셈이죠.

수험생 생활을 하다 보면 교재비며 식사비, 핸드폰 비용 등 모든 소비가 크게 다가옵니다. 이때 예비 자금을 마련한 사람은 편하게 교재를 살 수 있을 것이고, 그렇지 않은 사람은 부모님에게 아쉬운 소리를 하거나 아르바이트 생각이 날 거예요. 이처럼 스터디푸어가 되지 않도록 자금을 마련해두고 전업 공부에 뛰어드는 편이 공부의 적응도를 높이는 비법이라면 비법이에요.

제가 상우 씨였다면 처음 공부 계획을 밝힐 때 이렇게 말했을 것 같아요.

"공부하는 동안 제 생활비와 대학원 등록금은 스스로 충당할게요. 대신 집에서 먹고 자게만 해주세요."

"앞으로 2년 동안만 신세 지겠습니다. 수험생에게 식사는 중요하니 집밥만 먹게 해주세요. 2년이 지나면 무조건 독립해서 나가겠습니다."

이처럼 부모님이 예측 가능하도록 뜻을 전했다면 아버님은 다른 반응을 보였을 거예요. 부모 마음은요. 자식에서 못해줘서 한이에요. 그런데 내 자식이 공부를 해보겠다고 하는데 현재 나는 회사에서 불안한 위치예요. 모진 말로 화는 냈지만 누구보다 마음이 편하지 않았을 거예요. 이것만 이해해준다면 문제는 생각보다 쉽게 풀릴 수 있을 겁니다.

어디서 기원했는지는 모르지만 'FAMILY = Father and Mother I Love You'라고 하잖아요. 예쁘고 좋은 말이긴 한데 현실은 어때요. 뭔가 동떨어져 있는 느낌이 들지 않으세요. 내 가족은 돈 때문에 힘들고, 내 취업이나 아빠의 은퇴 문제로 하루도 속 편할 날이 없잖아요.

지금 우리집이 이렇다면요. '왜 우리집은 사랑이 없지. 이게 무슨 가족이야.'라며 원망하기보다 발상을 바꿔보는 거예요. 기존의 Father를 Friendly(우정)로, Mother를

Meal(식사)로 바꿔보는 거죠. '나는 엄마와 아빠를 사랑해요.'라는 단일한 가족의 이미지를 고수하지 않고, 대신 우정과 끼니 정도만 나누는 사이로 가족에 대한 기대를 낮추는 거예요. 사랑하는 사이에서 우정을 나누는 사이로 재구성하는 거죠. 가족이라도 어떻게 사랑만 하면서 살아요. 무슨 가족 광고 캠페인 포스터도 아니고.

서로 싸울 때도 있지만 "밥은 먹었어?"라며 끼니 정도 물어봐주는 관계. 전 이런 우정의 관계야말로 각자 치열한 전투를 하며 살아가는 현대인에게 필요한 가족의 모습이라고 생각해요.

스스로 본인에게 좋은 것만 주세요.
가족에게 받을 수 없다면
내가 나에게라도 줘야 합니다.
전 이 프로젝트 이름을
'셀프 오브젝트Self object'라고 불러요.

6*

내가 나를
지켜내는 법

셀프 오브젝트와
메타인지

집에서 해주지 않으면,
내가 나의 엄마가 되어주세요

벼룩은 세상에서 가장 작은 곤충입니다. 그래서 벼룩에서 나온 속담도 많죠. "뛰어야 벼룩이다.", "벼룩의 간을 내먹는다." 등등. 몸길이가 고작해야 2밀리미터니 얼마나 작은 존재예요. 그런데 이 작은 곤충이 점프력은 또 어마어마합니다. 무려 1미터나 뛰거든요. 여러분은 얼마나 높이 뛸 수 있으세요? 저는 한 30센티미터 뛸 수 있는 것 같아요. 그런데 고작 부러진 샤프심만 한 벼룩이 1미터나 뛴다니요.

그런데 이렇게 점프력이 굉장한 벼룩을 딱 10센티미터만큼만 뛰게 하는 방법이 있습니다. 다리를 뽑냐고요. 아니면 다리를 실로 묶어놓냐고요. 아니에요. 바로 10센티미터 크기의 유리병에 가두기만 하면 돼요. 물론 뚜껑을 덮은

채로요. 처음에는 벼룩이 바깥으로 나가려고 점프를 할 거예요. 벼룩은 알고 있거든요. 자신이 1미터까지 뛸 수 있다는 걸요. 그런데 뚜껑에 부딪혀서 고꾸라지는 거예요. 수없이 점프하다 바닥으로 떨어지면서 벼룩은 행동을 수정해가기 시작해요. 자신의 한계를 낮추는 방향으로요.

이제 벼룩은 뚜껑에 부딪히기 직전까지만 뛰게 됩니다. 실은 1미터나 뛸 수 있는데, 그 대단한 잠재력을 잃게 되는 거예요.

우리도 그래요. 주변에서 말하는 나의 한계에 갇혀 내가 어느 정도의 높이로 날 수 있는지, 얼마나 무섭게 노력할 수 있는 사람인지를 알 수 없게 되어버린 거죠. 여러분도 지금 남들이 올려놓은 뚜껑 높이에 맞춰 뛰고 있지 않나요?

현실의 '병'에 갇혀버리다

제가 이렇게 벼룩 이야기를 꺼낸 이유는 한 친구 때문이에요. 꿈도 많고 열정도 많은 20대 친구로 제 눈에는 진주 같이 예쁜 친구예요.

어느 날 고민 상담 메일을 받고 이 친구를 처음 알게 됐어요. 자신을 '벼룩'이라고 지칭해놓아 깜짝 놀랐었죠. '왜 자신을 벼룩이라고 부를까.' 하는 궁금증에 메일을 읽으니 집에서 실제로 그렇게 불리고 있더라고요. 벼룩이라는 별칭이 마음에 들지 않아 저는 이 친구의 이름을 '진주'라고 부르기로 했어요. 앞으로 이 친구의 이름은 단단하고 영롱한 진주 씨예요.

대학교를 6년 만에 졸업했다며 자신을 소개한 진주 씨는 집안 사정이 어렵지 않은데도 대학 등록금 지원을 받지 못했어요. 딸이라는 이유로요. 그래서 어쩔 수 없이 1년 다니고 휴학하고 1년 다니고 휴학하는 식으로 학교생활을 했나 봐요. 마지막 1년은 그동안 벌어둔 돈으로 연속으로 등록을 했고 4년제 대학을 졸업하는 데 꼬박 6년이 걸렸다고 해요.

진주 씨 위로 두 명의 오빠가 있는데 대우가 달랐습니다. 집에서는 아들만 가르치면 된다는 시대착오적인 문화로 그녀를 줄곧 대해온 것 같아요. 문제는 그녀의 어머님이 딸의 대학 입학을 가장 반대했다는 사실이에요.

"정 가고 싶으면 네가 벌어서 다녀라. 네 멋대로 사는 것을 보니 방 얻어서 나가 살면 되겠네."

이런 말씀에도 그동안은 등록금 마련하기에도 벅차 집에서 의식주를 해결해야 했지만, 졸업 후에는 그럴 필요가 없어져 이제는 방을 알아보고 있대요. 처음으로 '독립'을 하는 거라 걱정이 많아 보였어요.

왜 그녀의 별칭이 '벼룩이'가 되었는지 짐작이 가기 시작했어요. 하찮고 작은 존재. 집에서 가스라이팅을 오랜 시간 당한 것으로 보여요.

그동안 마음고생이 심했는지, 아니면 엄마에게 인정받고 싶은 욕구 때문인지 진주 씨는 현재 두 가지를 놓고 고민 중이에요. '집에서 원하는 대로 아무 데나 취업해서 시집이나 가는 나'와 '뉴질랜드로 디자인 공부를 떠나고 싶어 하는 나'. 진주 씨는 이 두 가지 카드를 손에 쥔 채 "이런 저에게 힘을 주세요."라는 장문의 상담글을 보내왔습니다.

　　　　　　　　　　　　　내가 나를 지켜내는 법

벼룩의 엄청난 재능이 유리병 안에 갇힘으로써 어떻게 소실되는지 앞에서 얘기한 이유를 말씀드릴게요. 저는 진주 씨의 '가족'이 바로 그 유리병처럼 느껴졌어요. 여기에서의 방점은 '벼룩'이 아닌 '유리병'입니다. 집에서 따뜻하게 편의를 받으며 학업에만 전념하는 것도 쉽지 않은데 진주 씨는 전혀 그러지 못했어요.

혹시 진주 씨처럼 집안 내 불화나 내가 동의할 수 없는 희생을 강요당하느라 힘든 시간을 보내는 분이 있다면 여기서 잠시 '나의 진로'보다는 '나의 공간'에 대해 먼저 생각해주었으면 해요.

나보다 '공간'이 더 중요할 때가 있어요

다행히도 진주 씨는 방을 알아보고 있다니 이것부터 실행에 옮겼으면 좋겠어요. '모진 말'로부터 나를 보호할 공간이 필요합니다. 대학 근처의 원룸이라도 구해서 나오세요. 홈 어드밴티지 아시죠. 신발을 벗고 들어가는 내 집은 집 밖에 있을 때보다 1도라도 따뜻해야 한다. 이거 정말 중요합니다.

저만의 생각이 아닌 게 요즘 건축학에서 뜨는 학문으로 신경건축학(neuroarchitecture)이란 게 있습니다. 신경과학(neuroscience)과 건축학(architecture)의 합성어로 공간이 인간의 뇌와 면역력에 어떤 영향을 주는지 연구하는 건축 학문이에요.

의학자인 조너스 소크라는 교수가 이탈리아의 한 도시로 안식년을 떠났는데 그곳에서의 쨍한 햇살과 수채화 같은 풍광을 보면서 마음이 녹아들더래요. 매일 연구에만 쫓기며 살던 연구실이 아니니 그랬을 것 같아요. 시야가 트이고 마음이 편한 환경에 있다 보니 어느 날 '백신의 아이디어'가 떠올라 중요한 연구 업적을 남길 수 있었다고 해요. 바로 여기에서 이 학문이 탄생이 된 거랍니다.

집도 엄연히 하나의 건축물이에요. 집 안에는 그곳에 사는 사람들이 주고받는 '말'이 햇살이고, 나를 대하는 온도가 예쁜 풍광입니다. 그런데 현재 그녀의 집은 어떤가요.

엄마가 유리병 뚜껑이 되어 자꾸 딸의 성장에 제한을 두고 있어요. 가능하다면 1초라도 빨리 유리병에서 탈출해야 합니다.

지금과 같은 환경에서 진주 씨는 행복해지지도 않을 뿐더러 인생을 온전히 살아내는 것도 거의 불가능합니다. 혼자 힘으로 등록금을 충당할 정도면 자신의 인생을 놓치지 않겠다는 열정이 대단하다는 건데, 전 그녀가 벼룩이 재능을 포기하듯 자신의 인생을 유리병 바닥 수준으로 제한할까 봐 걱정이 됩니다. 다행히 집에서는 딸의 독립을 반대하지는 않네요. 그래도 어머님이 딸을 위해 이거 하나는 내어주시네요. 이게 어디예요.

내가 나의 엄마가 되는 법,
셀프 오브젝트

내친김에 독립 기간도 정해드릴게요. 더 오래전부터 시작된 억압일 수 있으나 이런 것까지 고려하면 복잡해지니 그냥 진주 씨가 '대입 이슈'로 투쟁을 벌인 기간만 대입해 보죠. 그게 6년이던가요. 앞으로 6년 동안은 독립해서 본인에게 좋은 것만 주세요.

가족에게 받을 수 없다면
내가 나에게라도 좋은 것을 줘야 합니다.
전 이 프로젝트 이름을 '셀프 오브젝트(Self object)'라고 불러요.

본래 셀프 오브젝트는 아이의 온갖 투정과 요구를 들어주는 엄마를 나타내는 심리학 용어인데요. 꼭 나를 낳고 길러주는 엄마일 필요는 없습니다. 전 진주 씨가 본인만의 공간에서 누구의 눈치도 받지 않으면서 자신에게 필요한 것을 물어봐주고 쓰담쓰담도 해주는 엄마가 되어주면 좋겠어요. 내가 나의 엄마가 되는 거죠. 이걸 하면서 진로를 정해도 늦지 않은 것 같아요.

동시에 엄마에게 인정받고자 하는 자신을 보듬어주세요. 아무리 자신을 함부로 대했어도 소중한 엄마잖아요.

엄마를 미워하면 그것도 자신을 괴롭히는 요인이 될 수 있어요. 단, 엄마가 원하는 대로 아무 데나 취업해서 시집이나 가야지 하는 것은 엄마에게도 나에게도 못할 짓이에요. 일단 내가 행복하지가 않잖아요.

아이러니하게도 내가 행복하지 않으면 엄마도 불행해집니다. 행복의 '방향'이 달라서 그렇지, 분명 진주 씨 어머님 마음 한구석에는 딸이 행복하게 살기를 바라는 마음이 있습니다. 어머님에게 그 방향은 딸이 좋은 남자 만나서 남편 그늘 밑에서 보호받고 사는 것일 거예요. 그러니 이 카드는 과감히 버려주세요. 일단 여기까지만 해냈으면 좋겠어요.

그리고 이건 나중에 일어날 일인데요. 대비해놔서 나쁠 건 없잖아요. 진주 씨는 부모님에게 단순히 물리적 지원을 받지 못해서 서운한 게 아니에요. 진심으로 좋은 말들을 받아보지 못한 결핍 때문에 서운한 마음이 생긴 겁니다. 이것을 구분해야 진주 씨가 엄마와 마주하게 됐을 때 올바른 방향으로 자신의 감정을 제대로 전달할 수 있을 거예요.

그때의 엄마는 이전에 비해 힘이 빠져 있겠지만, 그래도 똑같은 말투로 딸을 대할 거예요. 하지만 진주 씨는 어때요. 이전보다 단단해졌고 아주 조금은 더 성숙해져 있을 거예요. 만약 그렇다면 엄마가 똑같더라도 이야기가 달라질 수 있어요. 조금 더 단단해진 내가 이전보다 작아진 엄마를 안아줄 수 있게 되거든요.

이렇게 되기 위해서라도 한번은 진주 씨의 서운한 감정을 엄마에게 털어놓는 시간을 가져야 합니다. 그때 엉뚱한 소리 하지 말라는 뜻에서 지금 미리 '서운함의 방향'을 정확하게 짚자고 얘기하는 거예요. 아시겠죠?

자랑 인플레이션과 친분 지우개

*

인스타에 합격 증명서를 짠하고 올렸습니다. 얼마 되지 않아 빠르게 댓글이 달리기 시작했어요.

> "어머 축하해. 언제 이런 준비를 했어?"
> "다 가졌어. 이 세상 혼자만 살지."
> "네가 다 해먹어라. 한턱 쏴. 날 잡자."
> ⋮
> "뭐래니."

연이은 축하 멘트 더미에서 가슴을 집어삼키는 한 마디. L이라는 친구가 남긴 세 글자, '뭐래니'. 무슨 깍둑썰기도 아니고 뒷말은 왜 생략해서는 사람 마음을 뒤숭숭하게 만드는 걸까요.

좋은 일이 있으면 축하받고 싶은 마음, 당연히 들 거예요. 오랜 시간 노력해서 원하는 곳에 취업을 했거나 또는 원하던 합격 증명서를 얻었을 때 어떤가요. 정수리가 하늘에 닿을 만큼 펄쩍펄쩍 뛰고 싶잖아요. 그래서 너무 기뻐서 인스타에 합격 증명서를 '짜잔' 하며 올렸어요.

그러자 0.1초마다 반응이 폭발적이에요. 지인들이 달아준 축하 멘트를 볼 때마다 '나만큼 기뻐해주는구나. 내 노력을 알아봐주는구나.' 싶어 고마워하는 찰나 "뭐래니."라는 댓글이 달린 거죠. 분명 이전까지 나는 행복한 사람이었는데, 그 순간부터 우주에서 가장 불행한 사람이 됐어요.

그것도 전혀 예상치 못한 친구예요. 분명 얘라면 축하해줄 거라 생각했는데 나보다 잘난 애가 공개된 곳에다 "뭐래니."라는 댓글을 달았어요. 별의별 생각이 들면서 그때부터 친구 L의 근황이 궁금해지기 시작합니다.

어떠세요. 여러분도 이런 경험 있으신가요. 내가 비밀리에 노력해서 살을 뺀 뒤 바디프로필 사진을 찍어서 올렸을 때, 쁘띠성형을 통해 얼굴이 단정했을 때, 혹은 원하는 곳에 취업하거나 자격 취득에 성공했을 때 한 번은 겪게 되는 '딜레마'가 지인과의 감정 싸움이에요.

'뭐래니' 이 세 글자에는 질투심 조금, 박탈감 조금, 불안감 조금, 불행감 조금 등 다양한 감정이 뒤섞여 있어요. 모든 것을 합치면 '나는 너의 성취가 불쾌하다.'예요. 아무리 가진 게 많은 L이라도 친구가 취득한 합격 증명서는 자신의 수중에는 없는 보석인 거죠. 이것에 대한 불편한 심경을 저 세 글자로 표현한 거예요. 이분이 조금 더 성숙했다면 혼자 속상해하고 말았을 텐데 그런 댓글을 달아버림으로써 스스로 공개처형을 당하는 상황까지 간 거죠.

그 사람은 아홉 번째 자랑을 보는 중입니다

자랑이 범람하는 인플레이션의 시대입니다. 인플레이션이 뭐예요. 현금 가치가 하락하고, 물가가 지속적으로 팽

창하는 경제 현상이잖아요. 요즘엔 이 앞에다 '허세'와 '자랑'을 붙여 사용하더라고요. 허세 인플레이션이 남에게 부러움을 살 목적으로 사치성 소비를 하는 행위라면, 자랑 인플레이션은 주요 목적은 같으나 자신의 성과나 성취를 전시하는 행위예요. 10킬로그램 감량한 모습이나 합격 증명서를 업로드 하는 것이 자랑 인플레이션의 하나예요.

타인에게 자신이 보이고 싶은 이미지를 소비하게끔 만든다는 점에서 허세나 자랑 모두 동일해요. 하지만 허세와 붙어 다니는 플렉스, 현질(현금 지르기)은 누구나 마음만 먹으면 할 수 있기에 보는 이들에게 아무런 거슬림 없이 '좋아요'를 누르게 해요. 반면 합격 증명서는 달라요. 돈으로 소비할 수 없잖아요. 내가 마음을 먹는다고 해서 가질 수 있는 게 아니에요.

자랑이 범람하는 시대라고 했어요. 인스타에 접속하는 순간 우리는 너 나 할 것 없이 자랑거리에 노출이 돼요. 여러분의 팔로워들은 아홉 번째 자랑을 당하는 중인 거죠. 나에게나 내 자랑이 처음이지 보는 사람에게는 아홉 번째, 어쩌면 그 이상일 수가 있는 거예요. 이것만 알아도 대처가 아주 쉬워집니다.

관계에도 메타인지가 필요합니다

같은 사건을 두고 각자의 입장에 따라 다르게 해석되는 현상을 '라쇼몽 효과(Rashomon Effect)'라고 하는데요. 일본 영화《라쇼몽》에서 유래한 용어라고 해요.

밤낮으로 노력해서 원하는 바를 이뤘다는 것은 어디까지나 나의 입장이고 나의 해석이에요. 딱 1인분의 생각인 거죠. 이 소식을 들은 이가 열 명이면 열 가지 관점과 해석이 나올 거고요. 오십 명이면 오십 가지 관점과 해석이 나오게 돼요. 이걸 알고 나서 소식을 던져도 던져야 해요.

다른 방법은 다 잊더라도 이거 하나는 꼭 기억해주세요. 마음의 지우개로 '친분의 거리'를 지우고 '아는 사람' 정도로만 거리 두기를 하는 거예요.

- 내 단짝 이다솜 → 그냥 아는 사람

- 나만의 사람들 → 그냥 아는 사람들

'뭐래니 댓글'에도 알 수 있듯 자랑을 할 때 친분의 거리는 무의미합니다. 오히려 독으로 작용할 때가 더 많아 보여요. 나와 친분이 가까우면 감정의 거리도 가깝다는 의미잖아요. 나의 성취로 인해 받는 감정적 영향은 친한 순서대로 클 수밖에 없으니 배려를 해줘야 해요. 물론 갖은 배려를 했음에도 불구하고 열등감을 터트리는 친구가 나올 거예요. 그 사람은 놓아야 할 인연이에요. 나중에 다시 만나더라도 지금은 놓아주는 것이 서로에게 좋습니다.

이런 상황을 포함하여 불협화음을 최소화하기 위해서라도 거리 두기는 중요합니다. '내 단짝 친구', '내 사람들' 대신 얼굴과 이름 정도만 아는 사람으로 두면요. 그들의 반응으로 인해 일희일비하는 횟수를 조절할 수가 있어요.

마음의 지우개로 친분을 지우기 전에는 이런 생각이 들 거예요.

'내 단짝 친구인데 왜 축하를 해주다가 말지? 나만큼 기

쁘지 않은 거구나. 나 혼자만 얘를 친구라고 생각한 걸까?'

이런 서운한 마음도 마음의 지우개로 친분을 지우고 그냥 아는 사람으로만 두면 다음과 같이 바뀝니다.

'마음을 다잡는 시간이 필요한가 보네. 그래, 넌 내 친구이기도 하지만 너의 주인이기도 하니까. 잠시 쟤는 놔두고 내 인생이나 살아야겠다.'

이렇게 재조정이 이루어지는 거죠. 이런 게 바로 거리 두기의 효과예요.

또 한 가지 묻고 싶은 게 있어요. 왜 몇 안 되는 사람들에게만 의미 있는 축하와 지지를 받고 싶어 하세요? 내 노력과 결심을 진심으로 축하해주는 사람들이 훨씬 더 많은데 말이죠.

'친분의 거리'를 지우라는 의미는 기존의 내 사람들과 멀어지라는 단순한 주문이 아니에요. 이들이 마음을 준비할 수 있는 시간을 주라는 의미이자, 내 노력과 결심을 응원해주는 다른 분들에게도 관심의 외연을 넓혀보라는 의미입니다. 이번 계기를 통해 새로운 사람을 발견하고, 친목을 다지는 것도 좋은 기회가 될 수 있습니다.

예전에 영상에서도 밝힌 적이 있는데요. 인맥 쌓기에 너무 애쓰지 말라고 말한 적이 있어요. 20대 때는 몸 쓰는 일이 맞는지, 머리 쓰는 일이 맞는지, 어떻게 놀아야 즐겁게 놀 수 있고, 어디에 돈을 쓸 때 가장 의미 있는지 등 여러 경험을 통해 나를 알아가는 것이 중요하잖아요. 나 자신에 대한 지식, 바로 메타인지는 대인 관계를 맺을 때에도 너무 중요합니다.

이제까지 무조건 '내 사람들', '영혼의 단짝 친구'만 찾는 식으로 감정적으로 인간관계를 맺어왔다면, 앞으로는 메타인지의 관점에서 자신을 돌아보세요. '이번 일을 겪어보니 난 무덤덤한 사람과 잘 맞네.', '얘는 딱 거슬리지 않을 정도로만 내가 잘되기를 바라는구나.', '나에게 좋은 일이 생기니 제일 크게 기뻐해주네. 얘 다시 보인다.'처럼 그 관계 안에서의 나를 들여다보는 것이 메타인지예요. 이것이 되면 나에게 어떤 일이 생기더라도 적어도 인간관계로 인해 휘청거릴 일은 없게 될 거예요.

더 많은 것을 일깨워주는 '미움 수업'

미움. 살다 보면 '그냥' 누군가가 나를 미워하는 일이 생깁니다. 여기에서의 그냥은 '이유 없이'와 같은 의미예요. 미움을 당하는 입장에서는 맥이 풀리는 일입니다.

노력이 의미가 없는 인간관계도 있어요

저도 이런 경험을 한 적이 있어요. 회사에 다녔을 때인데요. 한 상사가 저를 대놓고 미워했어요. 왜 싸한 공기 아시죠? 이건 당사자만 느낄 수 있는데 그 상사는 저를 향해 힘껏 찬바람을 보내더라고요. 사회생활이 처음이기도 하고 이유 없이 미움을 받아본 경험이 없어 신경이 엄청 쓰였습니다.

'내가 뭘 잘못했지?', '혹시 실수라도 한 게 있나?', '내 표정이나 말투에 문제라도 있나?'라며 그 이유에 대해 알아보려고 무진장 애를 썼었어요. 그러다 하루는 같이 외근을 나갈 일이 있어서 화장을 하는데 그분이 "옆의 신입직원은 얼마나 예쁜지 계약을 척척 따오던데. 다지 씨는 살 좀 빼고 미니스커트라도 입어야 하는 거 아닌가?"라고 하더라고요. 지나가는 말이라고 하기엔 너무 놀라운 멘트였어요.

그럼에도 불구하고 상사니까 잘해보려고 애를 썼는데 순간 제 안에서 이런 음성이 들려오더라고요.

'그만해. 소용없어. 이미 널 미워하기로 작정한 사람이야.'

그분에게 웃으며 말이라도 붙여보려는 제 노력이 저를 약자로 느끼도록 만든 거였어요. 말 그대로 우습게 본 애가 정말로 우스운 애가 되어버린 거죠. 그래서 그때부터 전략을 바꿔갔습니다.

내가 나를 지켜내는 법

웃음기를 거두고 예의를 갖춰서 최대한 건조하게 대응해 갔어요. 그분이 뭐라고 하면 짧게 "네, 알겠습니다.", "몇 시까지 메일 보내겠습니다."라는 식으로 대꾸를 했고, 제 태도나 옷차림을 가지고 선을 넘는 공격을 해올 때는 아예 대응을 하지 않았습니다.

그 사람이 바라는 것은 제가 감정적으로 대응하거나 흔들리는 모습을 보이는 일일 테니 이것마저 해주고 싶지가 않았어요. 더욱이 이곳은 회사라는 공적인 공간이잖아요.

'지금 내가 감정적으로 대응하면 오직 이분만 내 의중에 담는 거야. 하지만 이성적으로 대처하면 난 이분을 뺀 나머지 회사 사람들을 선택하는 의젓한 사람이 되는 거야.'라고 생각했어요. 그래서 선택한 방법이 건조한 예의와 반응이었습니다.

동시에 생각했어요. '당신이 날 싫어하든 무시하든 상관없어. 나는 여전히 소중한 존재야. 나는 너에게 관심이 없어.'라며 저와 그분을 구분 지어나갔어요. 이후 저는 임용고시를 준비하기 위해 퇴사를 하게 됐고 자연스럽게 그분과도 멀어지게 되었죠. 그리고 치열하게 제 삶을 살았습니다.

내가 아니라,
자기 자신을 미워했던 거예요

장미와 가시는 세트라고 하더니 조금 얼굴이 알려지니 악플이 달리기 시작하더라고요. 전 이런 유명세는 톱스타나 정치인에게나 따라붙는 것이라 생각했는데 꼭 그런 건 아니었어요.

지금은 악플이 달려도 크게 상처받지 않지만 초창기에는 신경이 꽤 쓰이더라고요. 수년에 걸쳐 악성 댓글을 단 사람들을 대상으로 고소를 진행한 적이 있었어요. 그때 한 명의 악플러가 저에게 선처를 빌고 싶다고 하더라고요. 수사관을 통해 들은 이름을 듣고 저는 놀랐어요.

맞아요. 바로 10년 전 저를 꽤나 괴롭혔던 상사였어요. 순간 그분이 불쌍하게 느껴지더라고요. '왜 이분은 10년이나 이다지 인생을 가지고 화를 내면서 살았을까.' 싶었거든요.

그거 아세요. 내가 누군가를 미워하잖아요. 내 무의식과 의식 전반에는 그 사람을 아주 중요한 사람으로 간주해버린다는 것. 여러분 마음 안에 그런 사람 담고 살고 싶으세요? 이분도 마찬가지예요. 저에겐 이미 의미 없는 타인인데 어째서 제 영상에 악플을 달면서 살았을까요. 그것도 저를 인생의 중심궤도에 계속 올려놓으면서요.

누군가가 여러분을 미워해서 복수하고 싶어질 때가 있을 거예요. 이때 같이 달려들어 싸우면 안 돼요. 이건 지는 거예요. 대문호 괴테는 "가장 폭력적인 증오는 언제나 문화 수준이 낮은 곳에서 보게 될 것이다."라고 했어요. 어떤 문화 수준이냐고요.

이유 없이 남을 미워하고 증오하는 사람들에게는 공통점이 있습니다. 자기 인생이 마음에 들지 않으면 노력해서 개선하는 것이 아니라, 타인을 자신의 수준으로 끌어내려 '형평성'을 맞춰가는 쪽을 선호해요. 이들이 사는 세계와 문화 수준이 선호하는 삶의 방식인 거죠. 굳이 수준 높은 당신이 그 사람 수준으로 내려갈 필요가 있을까요.

알아요. 막상 미움을 받으면 괴롭고 힘들다는 거. 미움이 미움으로만 그치는 것이 아닌 내 행동반경을 좁히고, 심장을 뛰게 한다는 것도. 그런데요. 미움을 받는 쪽보다 미움을 하는 쪽이 배 이상 힘이 들어요. 괴테만큼이나 위대한 작가죠. 헤르만 헤세가 미움의 철학에 대해 이렇게 설파했어요.

"우리가 누군가를 미워하는 이유는 자신 안에 들어앉아 있는 그 무엇을 미워하는 것이다."

그분이 저를 미워한 이유가 있다고 해볼게요. 왜 하필 그 부분일까요. 제 단점이 그것 말고도 많았을 텐데 그분 눈에는 유독 그것만 보였을 거예요. 자신이 싫어하는 자기 안의 어떤 모습이 있는데 저를 통해 그것을 본 게 아닐까요. 헤르만 헤세는 이것을 꿰뚫어본 거예요. 결과적으로 그분은 저를 미워한 게 아니라 저를 통해 자기 안의 미운 모습을 미워한 거예요. 맞아요. 그 상사는 자신을 미워했던 겁니다. 이 통찰을 얻고 나자 비로소 두 발을 뻗고 잘 수 있었어요.

나를 사랑해야 다른 사람도 사랑할 수 있다. 말은 참 쉬운데 실천이 힘들죠. 마음에 안 드는 자신까지 포용하고 사랑해줬다면 그분은 10년씩이나 저를 미워하는 데에 에너지를 사용하지 않았을 텐데, 참 안타까운 일이에요.

감정이 애티튜드예요

*

저는 여러분이 미움으로 마음을 채우기보다 고마움으로
마음을 채워가는 사람이 됐으면 좋겠어요. 고마움을 달고
사는 사람은 후광이 집채만 하게 비치기 때문이에요. 놀라
셨죠, 집채만 하다니. 그런데 정말 그래요.

후광이 비치는 사람

언제 그 후광이 빛을 발할까요? 사회에 막 발을 들여놓
을 때는 어떤 직원이 미움을 달고 사는지, 어떤 직원이 고
마움을 달고 사는지 몰라요. 1~2년 차가 되면 의사결정의

방향이 보이면서 대략 눈치 정도는 챌 수 있는 것 같아요.

또 이 연차의 친구들이 아무리 똑똑해봤자 회사에서는 그들이 곧바로 괄목할 만한 성과를 낼 거라 기대하지는 않습니다. 상사가 보기에 그냥 데리고 일했을 때 자신과 '잘 맞는지 안 맞는지' 이거 하나만 보게 돼요.

여기에서 상사가 자신과 잘 맞는가 하고 느끼는 감각. 이게 중요한데 여기에 부합하는 인재가 바로 후광이 비치는 사람, 일상 표현으로는 '성실한 사람'이에요. 후광이 비치는 사람과 성실한 사람이 무슨 상관이냐고 하겠지만 이 둘은 동일인이에요.

후광이 비치는 사람 = 성실한 사람 = 함께 일하고 싶은 사람

이런 흐름으로 이해하면 될 것 같아요. 우리가 일상생활에서 톱스타급 연예인을 보지 않는 이상 "당신에게 후광이 비치네요."라고 직접적으로 말할 기회는 잘 없잖아요. 대신 "아무개랑 있으면 편해.", 무슨 일이 있을 때 "내가 아무개에게 연락해볼게."라는 말은 자주 하면서 살아요. 여기에서의 '아무개'가 성실한 사람이자 후광이 밝게 비치는 사람이에요.

"에이, 시시해요. 성실함의 중요성을 누가 몰라요?"

혹시 이런 생각이 든다면, 여기에서 말하는 성실함은 단순히 열심히 일하는 것이 아님을 말씀드립니다. 사회에서의 성실함이란 자신의 위치와 가치를 깨닫고, '이 안에서의 나'를 탐구해가는 사람을 말해요. 즉, 문화 수준이 높은 사람이 사회에서 원하는 성실한 사람이에요.

그러고 보니 미움을 달고 사는 사람은 문화 수준이 낮은 곳에서 살고, 고마움을 달고 사는 사람은 문화 수준이 높은 곳에서 사네요. 마찬가지로 하이클래스 사람들에게 발견되는 공통점이 있는데 바로 고마움, 미안함을 매끄럽게 전달하는 능력을 갖고 있다는 점이에요. 사회생활 10년 차가 넘어가니 제 눈에 이 어마어마한 경쟁력이 들어오기 시작하더라고요.

감나무는 뿌리를 내어서 오랜 시간 몸통이 자라고 줄기를 내요. 그 줄기가 자라고 나면 그곳에서 감이라는 열매가 나오죠. 고마움을 대하는 태도가 이 열매예요. 이 모습 하나만으로도 그 사람이 이전까지 어떤 환경에서 자랐는지를 알 수 있는 거죠. 감이 감나무의 모든 속성을 담고 있듯, 고마움을 전하는 태도 또한 그 사람의 인성을 담고 있어요. 이것을 알아보는 데도 10년이나 걸렸네요. 좋은 사람을 알아보는 것도 그만큼의 경력이 필요한 일이었나 봐요.

결코 사소하지 않은 고마움의 힘

여러분, 고마움을 잘 느끼고 표현할 줄 안다는 것은 공감 능력이 뛰어나다는 반증이며, 공감 능력이 뛰어나면 타인이 던지는 마음의 단서를 잘 포착해 성과로 연결시킬 줄 안다는 것을 의미해요. 우리들이 흔히 말하는 대박이 어디서 나오나요. 사람과 사람 사이의 마음의 교집합에서 나와요. 그러니 어느 회사에서 이런 인재를 마다할까요.

이번에는 고마움을 잘 전달하는 능력을 볼게요. 넘치지

않게 모자람 없이 고마움을 전달하는 것은 웬만한 내공이 있지 않고서는 아무나 할 수 없는 일이에요. 특히 감정 표현에 서툰 한국에서는 더더욱 찾아보기 힘든 능력이에요. 실제로 자신의 마음을 잘 전달하는 사람을 보면 이런 생각이 듭니다.

'좋은 환경에서 사랑받고 자랐구나.'

'이렇게 센스 있게 표현하다니 평소에 고맙다, 감사합니다, 하고 말할 기회가 많았나 보네.'

전 그렇거든요. 여러분 주변에도 이런 사람 있으면 한 번 볼 것도 두 번 보게 되고, 그냥 지나칠 것도 뒤돌아보게 될 거예요. 분명 그 사람이 다시 보이기 시작할 거예요. 사람을 확 달라 보이게 만드니 뭐예요. 후광이에요. 사람을 달라 보이게 만들 정도의 저력을 가진 이 애티튜드가 '여러분의 것'이 되었으면 좋겠어요. 그럼 예기치 않은 때에 누군가가 당신에게 손을 내밀어줄 거랍니다.

내가 날 비웃는 감정, 냉소벽

'고마움'과 반대되는 감정어는 뭐라고 생각하세요. 앞에
서 미움에 대해 언급했으니 미움일까요. 그럴 수도 있어요.
그런데 요즘 아주 관심 있게 들여다보는 감정이 하나 있습
니다. 전 이게 고마움과 반대되는 감정이라고 생각해요. 바
로 '냉소'입니다. 냉소가 뭐예요. 차갑게 비웃는 거잖아요.
성공하기로 결심하고 날마다 고군분투하며 살아가는 나를
옆에서 팔짱 끼고 비웃는 감정이 냉소예요. 불안처럼 날 흔
들어대지도 않고, 분노처럼 뜨겁지도 않아서 당장은 피부
에 와 닿지 않을 거예요. 서서히 나를 얼게 만들 뿐이죠. 여
러분 절대로 냉소가 활개 치고 다니게 해서는 안 돼요.

"인생은 한 방이야. 코인이나 파야지."

"대충 살지 뭐. 노력하면 뭐해."

"야, 일 더한다고 회사에서 월급을 더 주냐? 너만 바보되
는 거야."

"다 부동산으로 돈 벌어놓고, 우리더러 열정이 없다고 하네."

셀프 오브젝트와 메타인지　　　　　　　　　　　　　**329**

이게 다 냉소적 언어예요. 이게 버릇처럼 되는 것을 '냉소벽(冷笑癖)'이라 부르고요. 제가 지어낸 말이 아니라 '쌀쌀한 태도로 비웃는 버릇'이라는 의미로 국어사전에 등재된 단어입니다. 이게 내 안에 뿌리박혀 '성격'으로 굳으면 세상도, 나도, 타인도 불신하면서 그 위에 어떠한 꽃도 피지 못하게 만들어요. 그러니 그렇게 되지 않도록 항시 주의해야 합니다.

냉소의 낌새가 나타날 것 같으면 응급으로 나를 따뜻하게 바라보는 시선을 소환해야 해요. 차가운 시선을 따뜻한 시선으로 녹여내어 내 안의 회복력을 높여주는 나름의 전략이에요. 이게 되려면 평소 자신을 '따뜻하게 바라보는 연습'이 필요한데, 이때 감사일기만 한 것이 없습니다.

날마다 감사한 일들을 적어보고, "나는 이런 것들을 가진 소중한 아이야."라고 칭찬해주는 거예요. 매일매일 이렇게 하다 보면 따뜻한 시선이 나를 바라보는 '대표 시선'이 되면서 언제든 소환이 가능해질 수 있게 돼요. 그래서 준비해봤습니다. 이다지표 감사일기장을.

내가 좋아하는 것을 꺼내는 날,
언박싱데이

*

이다지표 감사일기장을 소개할 시간입니다. 대단한 건 아니에요. 그저 감사한 것들을 적으면 되는데요. 감사일기는 기존 일기장에 적어도 좋고요. 아니면 감사일기장을 따로 마련하는 것도 좋아요.

왼쪽에는 '오늘 감사한 것들'을, 오른쪽에는 '나의 내일에게 기대하는 것들'을 적어보세요.

혹시 다음 날에 '바디제품 쇼핑하기'와 '서점 가서 책 사기'를 실천하지 않았다고 해서 마음 쓰지 마세요. 이 두 가지만 빼고 나머지는 다 했잖아요. 소화한 일정만 다음 날 '오늘 감사한 것들'에 적으세요. 그리고 다시 '나의 내일에게 기대하는 것들'을 적으면 끝입니다.

오늘 감사한 것들

- 피곤했지만 쉬지 않고 운동한 것
- 차에 물건 놓고 내리지 않은 것
- 오늘의 일정 마스터한 것

나의 내일에게 기대하는 것들

- 바디제품 쇼핑하기
- 집 앞에 새로 생긴 분식점 이용해보기
- 서점 가서 책 사기
- 10분이라도 걸으면서 광합성 충전하기
- 짹짹이들이 보내준 고민 상담 열람하기

오늘 감사한 것들

- 집 앞에 새로 생긴 분식점 이용해 보기
- 10분이라도 걸으면서 광합성 충전하기
- 짹짹이들이 보내준 고민 상담 열람하기

나의 내일에게 기대하는 것들

셀프 오브젝트와 메타인지

이때 적는 내용이 별것 아니어도 돼요. 매일 집, 회사, 집, 회사라고 해도 괜찮습니다. 그 안에는 반드시 진주가 숨어 있기 마련이에요. 이것을 발견해가는 묘미. 이 묘미를 느끼는 데에 감사일기의 의의가 있는 거예요.

마야 안젤루 이야기

미국의 25센트짜리 동전을 보면 우리나라의 5만 원권 지폐에 있는 신사임당처럼 한 여성이 새겨 있는 것을 볼 수 있습니다. 마야 안젤루라는 미국의 시인이자 소설가이자 인권운동가입니다. 그녀로 말할 것 같으면 흑인에 여성에 가난한, 게다가 성폭력을 당한 상처를 갖고 있고 미성년 나이에 아들까지 낳은 '불행의 백화점'과 같은 인생을 산 인물입니다.

이런 그녀가 하루는 도저히 못살겠다 싶어 정신과에 상담을 받으러 갑니다. 하지만 진료실에 들어온 의사를 보고는 곧바로 나와버려요. "이 사람은 나를 이해할 수 없겠구나."라는 인상을 받았기 때문이에요. 의사는 백인에 남성에 부유한 엘리트 출신이었거든요. 이런 말이 있죠. 인간은 자신이 경험한 만큼만 공감할 수 있다. 아마도 그녀는 치료보다 공감을 받고 싶었던 것 같아요.

마야 안젤루는 그 길로 평소에 자신이 따랐던 멘토를 찾아가 마음을 털어놓게 됩니다. 그때 그녀의 멘토는 이런 말을 해줘요.

"네가 지금 할 수 있는 일들을 적어보렴."

누군가에게는 맥이 풀리는 조언이겠으나 그녀에게는 실낱같은 희망이었던지 안젤루는 곧장 집으로 돌아와 써 내려가기 시작합니다. 그러고선 깨달아요. '사람을 살 수 있게 해주는 것은 대단한 것들이 아니라 직접적으로 걷고, 먹고, 쓰는 것들에 있구나.'라는 사실을요.

이 일은 그녀의 자가 치유가 시작되는 터닝포인트가 됩니다. 그리고 안젤루는 이 작은 계기를 통해 삶의 동력을 찾게 되고, 결국엔 흑인 여성 최초의 베스트셀러 작가로 성장하죠. 그 유명한 《새장에 갇힌 새가 왜 노래하는지 나는 아네》를 쓰게 됩니다.

한 가지 인상 깊은 점은요. 그녀의 작품은 대단한 배경이나 플롯이 아닌 '삶 안에 있는 것'들을 정갈하게 차려놓은 것들이란 사실이에요. 저는 안젤루가 이렇게 '작은 일상'에 주목했음을 강조하고 싶어요. 정말 행복해지기 위해서는 크고 대단한 것이 필요 없기 때문이에요.

행복단어 언방식 프로젝트

감사일기는 이렇게 작은 일상에 주목하기 위한 방법이에요. 그런데 감사일기 쓰는 게 힘들다고요? 감사할 것도 없고 매번 쓰는 것도 귀찮다고요? 그렇다면 낱장으로도 가능합니다. 여러분이 좋아하는 것, 해보고 싶은 것, 갖고 싶은 것이 있을 때 박스 안에 적기만 하세요. 아주 소소한 것도 상관없으니 있는 대로 몽땅 적어보세요. 그 단어는 이름하여 '행복단어'입니다.

다음은 저 이다지의 행복단어입니다. 참고로 봐주세요.

나 __이다지__ 의 행복단어

캠핑, 반려묘, 짹짹이들, 일기장, 요리, 가끔 드라이브, 비즈니
스 좌석, 공항이 주는 설렘, 맛있는 음식, 엄마와의 여행, 롱드
레스, 메이크업, 유튜브, 슬램덩크

여러분의 행복단어는 무엇인가요? 한번 적어보세요.

나_____의 행복단어

어떤 단어를 적었는지 쭉 살펴보세요. 이 중 행동으로
옮긴 게 있나요? 그렇다면 그건 바로 행복단어 '언박싱'이
에요. 언박싱(unboxing)은 본래 상품의 포장을 풀다는 뜻인
데, 여기에서의 언박싱은 실행해보는 것을 의미해요. 좋아

하는 것을 떠올리기만 하면 뭐해요. 실천으로 옮겨야 의미가 있죠.

반려견과의 산책이 될 수도 있고, 운동해보기도 좋아요. 벼르고 벼르던 취미에 도전해보는 것도 행복단어 언박싱입니다. 전 잠을 푹 잘 때, 따뜻한 물에 목욕을 할 때, 반려묘인 룰루, 댕댕이와 함께 시간을 보낼 때, 저를 위해 요리를 할 때 행복감이 가득 채워집니다. 실제로 실행을 해보면요. 행복의 기준치가 높지 않다는 것을 알게 됩니다. 그래서 더욱 가치 있게 느껴져요.

제 주변 사람들이 "다지야, 너는 좋겠다. 행복에 큰돈이 필요하지 않잖아."라는 이야기를 종종 하는데요. 아무래도 '일' 외의 부분에서는 허술한 성격 탓인지, 놀랄 정도로 행복의 기준치가 낮은 편이에요. 여러분도 막상 해보면 뜬구름 같던 행복이 조금은 손에 잡히는 계기가 될 수 있을 거예요.

나는 _____을 할 때 가장 나답게 행복해진다.

여러분은 빈칸에 어떤 말을 넣고 싶나요. 이것만 알아내도 이 프로젝트는 대성공이에요.

여러분은 행복을 어떻게 대하고 있나요? 행복을 만끽하는 유형인가요, 아니면 보류시키는 유형인가요? 전 개인적으로 전자의 삶을 추구합니다. 최대한 지금 있는 그대로, 즐기려는 편이에요. 행복을 뒤로 밀어두는 것도 자꾸 하다 보면 습관이 되거든요.

여러분도 저처럼 주 3회 정도는 언박싱데이를 가져보세요. 그럼 남들 시선을 끌 만한 대단한 성과를 내지 못하더라도 활짝 웃는 자신의 얼굴을 자주 보게 될 거예요.

우리 얼굴은 눈썹, 눈, 코, 입만 놓이는 곳이 아니에요. 표정도 담겨 있어요. 자주 행복하면 표정도 다양해지고 예뻐질 수 있어요. 이목구비만 예쁜 사람이 아닌 표정이 예쁜 사람이 됩니다. 표정이 예쁜 사람이 훨씬 더 매력적이고, 다른 사람에게 좋은 에너지를 전달합니다. 행복단어를 꺼내는 것만으로도 나와 너, 우리 모두가 함께 웃을 수 있으니 얼마나 좋은 일이에요.

모든 꽃이 봄에 피지는 않는다

초판 1쇄 발행 2023년 1월 30일
초판 11쇄 발행 2023년 2월 16일

지은이 이다지
펴낸이 이정아 **경영자문** 박시형

펴낸곳 서삼독

책임편집 이정아 **마케팅** 이주형, 양근모, 권금숙, 양봉호 **온라인마케팅** 정문희, 신하은, 현나래
해외기획 우정민, 배혜림 **디지털콘텐츠** 김명래, 최은정, 김혜정
경영지원 홍성택, 김현우, 강신우 **제작** 이진영

출판신고 2006년 9월 25일 제406-2006-000210호
주소 서울시 마포구 월드컵북로 396 누리꿈스퀘어 비즈니스타워 18층
전화 02-6712-9861 **팩스** 02-6712-9810 **이메일** info@smpk.kr

ⓒ 이다지(저작권자와 맺은 특약에 따라 검인을 생략합니다)
ISBN 979-11-6534-675-1 03320